本书出版受云南师范大学教育学学科建设经费资助

ANALYSIS AND EVALUATION OF LEARNING

BEHAVIOR IN NETWORK TEACHING ENVIRONMENT

网络教学环境下
学习行为分析及评价

孙 瑜 黄 瑶 孙燕龙 解 敏◎著

科学出版社

北 京

内 容 简 介

网络教学环境下的学习者学习行为分析和评价是人工智能在教育领域的研究热点，是优化和完善在线学习、激发学生的学习兴趣的基本理论与方法。

本书是作者对人工智能理论和方法在教育领域的应用进行多年探究的结果，其中既有关于学习者学习行为分析和评价理论的思考，也有关于在大数据背景下如何利用数据驱动的方法来激发学习者的在线学习行为的探究。本书主要从网络教学、学习行为、学习和评价理论、在线学习环境下学习者学习行为分析和评价模型以及模型的验证等方面，理论结合实际，对学习者学习行为的一些基本问题进行了探讨。

本书适合教育技术学研究者、学习行为分析领域研究者、政策制定者和教育工作者参阅。

图书在版编目（CIP）数据

网络教学环境下学习行为分析及评价 / 孙瑜等著. —北京：
科学出版社，2022.10
　　ISBN 978-7-03-073390-0

　　Ⅰ. ①网… Ⅱ. ①孙… Ⅲ. ①网络教学-学习心理学-研究
Ⅳ. ①G434 ②G442

中国版本图书馆CIP数据核字（2022）第191047号

责任编辑：朱丽娜 高丽丽 / 责任校对：张小霞
责任印制：李 彤 / 封面设计：润一文化

科 学 出 版 社 出版
北京东黄城根北街 16 号
邮政编码：100717
http://www.sciencep.com

北京建宏印刷有限公司印刷
科学出版社发行　各地新华书店经销
＊
2022 年 10 月第 一 版　开本：720×1000　1/16
2024 年 3 月第三次印刷　印张：13
字数：211 000
定价：88.00 元
（如有印装质量问题，我社负责调换）

前　言

随着信息技术在教育领域的不断发展，传统的教育方式已经不能满足学习者的学习需求。近年来，教育信息化的快速发展改变了人们的学习方式、学习认知和学习思维，在线学习已经得到了社会各界的广泛认可，成为一种不可或缺的学习方式。在线学习发展至今，大多数高校都拥有了属于自己的网络教学平台。与传统的学习方式相比较，在线学习的学习资源丰富、可以共享，教育规模大而广，教育成本较低。它基本不受时空限制，依托互联网可以实现随时随地学习。

由于时空分离，在线学习过程中存在师生之间缺乏实时交流、实践操作能力受限、学习资源上传格式不一等方面的问题，在线学习在蓬勃发展的同时，也遇到了一些挑战，如学生在线学习的缺席率较高、课程完成率偏低等。对此，不少研究者试图通过分析学习者在在线学习过程中的学习行为数据来解决这些问题。学习行为分析是指收集和测量学习过程中产生的学习行为数据，并对其进行分析，将分析结果反馈给学习利益相关者，使其更好地理解学习是如何发生的过程。这不仅可以为在线学习用户提供引导与进行干预、帮助授课教师改进教学决策和教学资源的组织方式，也可以为平台管理者提供有效的管理决策。传统的教育数据单一化、片面化，难以客观地呈现出学习者的全部学习行为。网络教学平台能够全面地记录学习者学习的结果、学习的方式、学习的过程等，其数据的全面性为对学习者的学习行为进行分析提供了极大的支持。

本书试图通过对在线学习者在学习过程中的学习表现进行分析，以数据驱动的方式探究在线学习者的有效学习行为。本书根据新建构主义学习理论、马斯洛的需要层次理论、行为科学理论等，对在线学习行为的分类模型进行分析后，构建基于在线学习环境下学习者的学习行为的分析模型，并对构建的分析模型进行验证和分析。接着，从探索在线学习行为与学习效果之间的关系的角度出发，利用在线学习平台中的数据构建在线学习行为评价模型，保证评价的准确性和实用性。在线学习行为评价模型的研究为在线学习行为的分析提供了一种模型和具体实施方法，也为在线学习平台的构建提供了数据参考。

　　本书是作者对多年研究成果的总结，由于作者的精力和水平有限，本书难免存在不足之处，希望广大读者批评指正。

孙　瑜

目　　录

第 1 章

网 络 教 学

1.1 概 述

1.1.1 传统教学概述

传统教学模式是以课堂教学为主，教师通过讲授、板书以及教学媒体的辅助，把教学内容传递或者灌输给学生，在同一课堂上，内容统一、进度统一。

在这种教学模式下，教师是整个教学过程的主体，而学生则处于被动地位。如何使教师从主体地位向主导地位转化，如何提高学生的积极性和主动性，以及如何因材施教，是教育工作者一直在思考的问题。

随着计算机技术的不断发展，计算机辅助教学在教育领域的应用越来越普遍。基于计算机和网络的教学系统正在改变着人们的学习方式，它作为一种全新的教学手段，越来越受到人们的关注。网络教学系统将多媒体技术、网络技术引入教学过程，实现了教师与学生在文字、图像、语音、视频等方面的交互，打破了传统教学模式在时间和空间上的限制，使教学资源实现了最大范围的整合与共享，有效地提高了教学效率。

1.1.2 网络教学概述

网络教学作为传统课堂教学的有效补充，在一定程度上替代了部分传统课堂教学。随着信息技术和人工智能技术的迅速发展，以及社会需求的日益增长，早期计算机辅助教学的产物网络教学已经成为研究的热点。

网络教学是一种新型的教育技术，它以计算机网络作为传输教学资源的载体，融合信息技术与多媒体技术，使学习者从知识的被动接受者转变为知识的主动建构者，使教学突破时间和空间的限制，变得更加灵活和便捷。

网络教学可以实现多媒体资源的共享，它通过计算机网络教育信息资源的传输和共享来实现教学。建立在网络基础上的多媒体系统，将多媒体技术与网络通信技术紧密结合，大大扩展了单机多媒体系统的功能。它不仅具有各种媒体信息处理和人机交互功能，更重要的是，它实现了网上多媒体信息传递和多媒体信息资源共享，形成了一种较为理想的多媒体网络教学环境。

网络教学不受时空的限制，在很大程度上可以突破客观因素的限制。学习者通过网络不仅能够进行学术交流研讨，还可以利用适当的软件工具进行协同创作。现在，许多网络教育平台都具有群件系统的功能，完全能够支持一个学习群体方便地进行通信交流、工作空间共享、应用软件共享和协同创作。网络教学活动可以在个体、群体、众体三个层次上进行，按活动方式可分为同步教学和异步教学。同步教学在空间上具有一定的自由性，异步教学在空间和时间上均具有很大的自由性。

在网络教学中，学生与教学系统可以通过课件等进行交互，也可以通过教学环境中的教师代理（如一个软实体）去感知学生学习的过程及遇到的困难，并且对问题进行分析和引导。学生与学生可以通过计算机网络进行交互，从而协同学习、共同探索，培养学生的团队精神和提升学生协同解决问题的能力。学生与教师也可以进行交互，当网络教学环境感知到学生的困难并经初步的引导无效时，可以由教师亲自辅导。

1.1.3 网络教学与传统教学的比较

与传统教学方式相比，网络教学在教学方式上具有开放性，在学习资源上具有丰富性和共享性，在学习方式上具有个性化和便捷性，具体如下。

1）教学方式的开放性。网络教学没有空间与时间的限制，学生不必在固定的时间、固定的地点进行学习，完全可以自由支配学习时间。另外，网络教学可以重复进行，随时为学生解决难题，可以弥补学生在课上跟不上节奏的不足。

2）学习资源的丰富性和共享性。一般来说，网络上的各种硬件、软件和数据都是可以共享的资源。网络教学可以用各种具有针对性的多媒体课件进行教学或自学，或者由经验丰富的教师在网上进行实时或非实时教学，从而节省了人力资源。网络教学提供了文本、声音、视频等信息，这种通过多种感官刺激获取的信息比单一地听教师讲课获得的信息更多。多种感官的综合刺激，对于促使学生获取和保持知识是非常重要的。

3）学习方式的个性化和便捷性。学生可以按照自己的知识水平、学习风格和多媒体偏好来选择所要学习的内容和适合自己水平的资源，在一定程度上满足了学生的个性化学习需求，从而提高了学习效率。网络教学还给学习者带来了极大的便利，比如，教师可以将讲义及相关学习资源放在网上供学生学习，比纸质资源更便捷，学生可以随时进行在线学习。此外，学生还可以通过网络在线提交作业，与教师随时随地进行网络交流和讨论。

1.2 网络教学平台

1.2.1 国外平台

网络教学平台可供学习者远程学习，是一个全面掌握在线学习的综合的服务性系统，通过记录学习者的学习过程，促使学习者提高学习效率。

网络教学平台是利用教育技术和网络技术手段，结合教育理论的有关思想构建的网络化教学环境。它的出现将网络教学从理论上的探讨转变为能发挥现实效果的实际教学活动，同时也为教师和学生进行网络教学活动提供了工具上的支持。

网络教学平台可以在网络教学环境下，实现课程的网上发布、学生在线学习和教师在线教学。网络教学平台是有效连接学习资源（包括信息资源和智慧资源）、形成智慧共同体、构建开放学习社区、实现生态式学习的物质保障，它解决了没有活动平台造成的资源无导航、对话不集中、发表受局限等问题。网络教学平台为教师在网上实施教学提供了全面的工具支持，并能屏蔽复杂的技术实现过程，使得教师能够集中精力进行教学，学生通过它可以自主地进行学习与交流，而且不受时间与空间的限制。

网络教学平台的核心是基于 Web 的教育信息服务，这种服务具有实时交互、信息获取方便等优势。网络平台的核心技术主要有便于教育资源流通和共享的网络数据库技术，以及数据检索技术。网络教学平台利用先进的教学理论和信息技术，为学习者的自主化学习、教师有效教学提供了优越的环境。

为了满足教师"教"与学生"学"的需要，网络教学平台为教师提供了学习资源上传功能，便于学生根据自己的喜好选择合适的资源进行学习。为了保证教学效果，网络教学平台还提供了良好的协作与交流环境，通过师生的讨论与交流，让学生进行协作学习和研究性学习，进而提高学生获取信息、分析信息、加工信息的实践能力，并培养学生的创新意识与信息素养。基于此协作和交流环境，传统教学过程中的一些关键环节，如作业、辅导答疑等，在网络教学平台上获得了良好的支持。此外，网络教学平台具有良好的可扩充性，随着平台开发工作的深入和师生教学过程的不断完善，网络教学平台包含的内容不断丰富，各项功能也在不断完善。

网络教学平台的迅速发展，引起了教育教学研究者的广泛关注。网络教学平台主要分为两种类型：一类学习平台是收费的，会获取一定的利润用于平台自身的发展；另一类学习平台是免费的，可以免费为学习者提供课程辅导。近年来，作为网络教学平台中的典型代表，大规模开放在线课程（massive open online courses，MOOC）的发展速度非常快。

国外知名的大规模开放网络教学平台有 Moodle、Blackboard、Udemy、Coursera、Lynda、Open Culture、edX、Udacity 等（徐漫，2016）。

Moodle 网络教学平台作为全球使用最广泛的免费学习平台之一，不仅收集了世界范围内知名高校的优秀课程，也提供了多样化的学习交流工具，方便学习者进行在线学习和交流。

Blackboard 平台是由美国毕博（Blackboard）公司开发的教学管理系统，它采用了常见的混合式学习方式，把现场面授学习的优势和在线学习的优势结合在一起，以此来提高教师的教学效率和学习者的学习效率，是一个可支持百万用户学习的网络教学平台（张英杰，2017）。

Udemy 是由埃伦·巴利（Eren Bali）创建的网络教学平台，教师可以根据选择的主题来设置在线课程供学习者学习，整合各类学习资源和研究成果来创建课程学习。它提供了各种优秀课程教学资源，能使教学效果达到最优化（李艳艳，2017）。

Coursera 是由吴恩达和达芙妮·科勒（Daphne Koller）两人共同建立起来的，是一个营利性的网络教学平台，会向在线学习者收取一定的费用。它致力于开展全球最好的教育教学，与全球一些一流的大学和科研机构合作，为学习者提供大量的在线课程（农艳萍，2016）。

Lynda 建立于 20 世纪 90 年代初，是领英（LinkedIn）旗下的一个教育平台。该平台是一个可以提供各种教育资源的网站，由各个领域的行业专家、专业人士以及经验丰富的教师制作课程视频，订阅者可以享受到商业、设计、艺术、教育、信息技术等行业的丰富培训资源（农艳萍，2016）。

Open Culture 由美国斯坦福大学丹·科尔曼（Dan Colman）教授于 2006 年创立，以建立终身学习社区为目标，长期致力于搜集网络上的免费资源。这个学习平台不仅能搜集、整理和优化学习资源，还构建了一种良好的线上免费在线学习环境（李莹等，2014）。

edX 是麻省理工学院和哈佛大学于 2012 年 4 月联手创建的大规模开放在线学习平台，免费为大众提供大学教育水平的网络在线课程。

Udacity 是由斯坦福大学的塞巴斯蒂安·特伦（Sebastian Thrun）、大卫·斯塔文斯（David Stavens）和迈克·索科尔斯基（Mike Sokolsky）三人共同创建的营利性的网络教学平台，平台发布的在线学习课程资源几乎覆盖了理工科所有的研究领域（王永华，2015）。

Coursera、Udacity 和 edX 是目前美国的三大主流网络教学平台。截止到 2013 年底，三大平台已开发约 30 个学科门类，近 600 门课程，参与课程开发的知名大学和教育机构超过 100 家，参与学习体验的人数有数百万之多（王永华，2015）。

1.2.2 国内平台

与国外相比，国内信息化教育的普及程度还有一定差距。近年来，我国的网络教学平台迅猛崛起，促进了在线教育的发展，掀起了一股在线教育的学习浪潮。在这股浪潮的推动下，出现了各种各样的在线教育平台，为人们的学习提供了更加便利的条件，使人们随时随地学习成为可能。国内代表性的网络教学平台有中国大学MOOC、百度传课、腾讯课堂、网易云课堂等。

中国大学 MOOC 在线学习平台于 2014 年上线，是由网易与高等教育出版社联合开发的，它承担了开发国内精品课程的任务（王静，2017），面向不同层次的学习者，为其免费提供国内各大高校的在线课程，让每一个有意愿提升自己能力的学习者都能够获得更优质的在线学习资源。

百度传课作为国内教育新兴领域的在线教育发展平台，通过使用互联网，致力于打破中国教育资源地域分布不均的现象，精心制作在线学习课程，通过在线的直播互动，提供一站式的、全方位的、专业的教育服务（程慧平，肖爱森，2019）。

腾讯公司于 2014 年推出的腾讯课堂（张瑞等，2020），聚合了大量优质的教育机构和教学名师，平台上设有职业培训、公务员考试、托福雅思、考证考级、英语口语、中小学教育等众多在线学习的精品课程资源，教师进行线上教学，学习者可及时参与到课堂的互动学习中。该公司凭借 QQ 客户端大量用户的优势开展了即时在线的教学互动，基于 QQ 拥有的音频、视频功能提供了音质较高且画质顺畅的直播课程，支持课件演示、屏幕分享等多样化的授课功能。

网易云课堂于 2012 年 12 月底正式上线，是网易公司打造的在线实用技能学习平台，可以有针对性地了解不同学习者的学习需求。它不仅可以推荐用户感兴趣的课程，用户还可以根据自身的实际情况创建适合的学习内容和确定合适的学习周期，从而提高学习效率，达到优化学习效果的目的（牛淑丽，张攀峰，2016）。

1.3 智能教学系统

作为人工智能的一个分支，智能教学系统试图模仿人类的教学能力。智能教学系统将人工智能、认知科学和教育理论等引入计算机辅助教学系统中，赋予计算机智能，通过研究人类学习思维特征和过程，探索学习认知的模式，使学习者通过个性化自适应学习来获取知识（刘玲玲，张荣梅，2009）。

1.3.1 智能教学系统的定义

智能教学系统的作用是由计算机系统担负起人类教育的主要职责，也就是说，赋予计算机系统智能，在一定程度上由计算机系统代替人类教师进行教学。智能教学系统是通过多学科交叉融合来共同设计和开发的综合性系统，涉及人工智能、计算机科学、认知科学、思维科学、教育学、心理学和行为科学等学科领域（刘玲玲，张荣梅，2009）。关于核心词"智能"，虽然在不同的时期人们对智能的理解是不一样的，但是随着技术的发展以及各种理论的丰富，人们对智能的要求越来越高、越来越精准。目前，大多数人对智能的理解体现在系统具有知道教什么（教学资源）、何时教以及如何教（教学策略）的能力（Shute et al., 1996）。简而言之，智能教学系统必须做到三懂：懂知识、懂学生、懂教学。

1.3.2 智能教学系统的功能模块

对于智能教学系统结构（图 1.1）的描述，即系统模块的划分，在不同时期有着不同的划分方法，但是就功能而言，研究者已经达成了一定的共识（陈天云，张剑平，2007）。

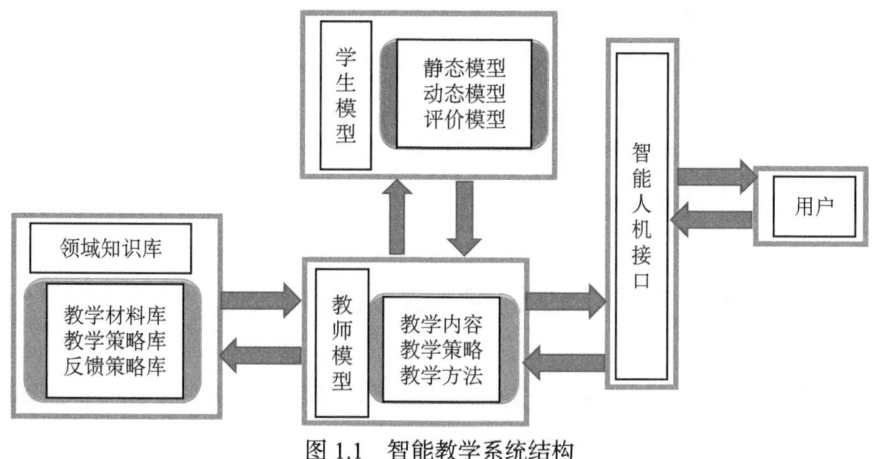

图 1.1 智能教学系统结构

（1）领域知识库

领域知识库又称专家知识模块，是智能教学系统的重要组成部分，主要解决教什么的问题。其中，最核心的问题是领域知识的表示，它不仅决定了教学交互的内容，也决定了教学目标的结构。领域知识库中表示的知识主要有陈述性知识、过程性知识、启发式知识三种。

随着知识表示研究的深入，研究者已经提出了多种知识表示方式，常用的几种有产生式表示法、语义网络表示法、框架表示法、谓词表示法、面向对象表示法、基于范例表示法、基于知识体表示法及其他表示法。

不同的知识结构都有一定的针对性和局限性，而且有时同一领域的知识可采用不同的知识结构来表示，所以选择知识表示结构时，应依据具体的情况来确定。

（2）学生模型

学生模型是智能教学系统对人类学生的模拟，包括学生的认知特点、学习风格、知识状态、个性特点等，并跟踪学生的学习过程，记录学生的学习状况，准确反映学生的学习进度、学习水平及学习能力等，它是实现个性化教学的基础。目前，常用的学生模型主要有覆盖模型、错误描述模型、模拟学生模型等。

（3）教师模型

教师模型是智能教学系统对人类教师的模拟。它在教学原理的指导下，选择适当的教学内容，并以适当的表达形式在适当的时刻展示给学生。该模块的主要功能是解决如何组织教学内容的问题，即如何教的问题。

（4）智能人机接口

智能人机接口是系统与学生交互作用的部件，包括学生、教师进入教学系统的交互界面，自然语言的处理，人机对话的处理，对领域知识库维护的接口，教学策略的修改接口以及学生模型的初始化处理等。自然语言的处理日益成熟，为人机接口的智能化提供了技术支持。

1.3.3 智能教学系统研究的未来发展

技术的不断成熟为智能教学系统的研究注入了新的活力。未来的智能教学系统在以下几个方面是格外值得关注的：由对静态的学生模型的研究转变为对动态的学生模型的研究；由对在线协作学习的研究转变为对个性化学习的研究；对智能教学系统的评估。

另外，智能教学系统本体的创建，可以组织智能教学系统概念和推动共同构建、发展智能教学系统体系结构分类与应用领域的映射关系，促进对教学代理和虚拟人的研究，促进团队训练的研究与原型开发。继续发展智能教学系统的开发和著作系统、非良构领域的智能教学系统研究、学习机制、严肃游戏与交互式叙事学习环境、元认知技能支持、适应性学习支持，都是智能教学系统研究近年来开拓的新领地（赵建华，2007）。事实上，根据相关研究以及我国智能教学系统的开发状况，现有研究很少涉及智能教学系统本体，研究者可以在这方面付出更多的努力。

智能教学系统能为学习者提供丰富的教学资源和便捷、优良、高效的学习环境，有着巨大的发展潜力和广阔的应用前景。可以预见，未来的智能教学系统将是一个智能化程度高、灵活性好、自主性强，能真正实现以"学习者为中心"的教学思想的系统。随着人们对智能教学系统展开全面、深入的研究，无论是理论方面还是技术开发方面都取得了较为丰硕的成果。

1.4 基于网络的学习

1.4.1 网络学习

随着信息技术的发展、万维网的出现与广泛应用，以及教育理念的发展，人们的学习方式也发生了改变，一种新的教育和学习方式应运而生，这就是以计算机为媒介，利用多种资源实现的具有时空分离等特点的网络学习。相对于传统的学习，网络学习不仅在手段和方法上发生了变革，而且对教育观念、教育模式和教育体制的变革也产生了极其深刻的影响。

不同学者对网络学习有不同的定义。黎军（2006）通过分析国内外不同学者对网络学习概念的不同理解，认为网络学习是基于因特网及其数字化资源进行的，以学生为主体，以教师为主导，以形成良好认知结构，培养创新意识、创新能力为目标的一种全新的学习方式。从他对网络学习概念的理解可以看出，他认为网络学习首先是一种学习方式，不同于传统的学校教育。在网络学习中，教师和学生在时空上是分离的，计算机网络是连接教师和学生的媒介。在这种情况下，师生关系和各自的角色也发生了变化，教师不再是学习的组织者和控制者，而是学习的指导者和帮助者；学生也不再只是单纯地接受知识，而是可以根据自己的兴趣爱好和需求对整个学习过程进行自主规划、安排。

在网络学习过程中，学生利用网络上的开放资源进行主动建构式的自主学习，有利于构建科学的认知结构和培养创新精神。网络学习对学习资源和学习者的要求更高，对于学习者而言，首先要具备计算机相关知识，更重要的是要有学习的意愿和积极主动性，要有较高的认知技能和协作精神；对于网络资源而言，则需要具有一定的合理性和丰富性，能够满足学习者的学习需求。因此，从学习条件看，网络学习既需要重视内部条件，比如，学习者的学习动机、认知技能、学习策略、自我效能感等，又必须重视外部条件的提供，比如，丰富的学习资源、科学合理的网络学习平台、变革性的学习环境（刘学兰，刘鸣，2004）。

桑新民（2000）在《步入信息时代的学习理论与实践》一书中，根据学习方式的不同，对传统学习和网络学习的不同之处进行了比较（表 1.1）。

表 1.1　传统学习和网络学习的比较

传统学习	网络学习
教师讲授为主	启发学生探索为主
说教式教学	交互学习
分学科定时教学	多学科交叉的问题解决式学习
集体化、无个性的学习	多样化、个性化的合作式学习
教师是知识的垄断者和传播者	教师是学习的指导者和帮助者
按年龄和成绩分组	可以混合编班
对学科知识与分类技能的评价（考知识点和对知识掌握的熟练程度）	以行为为基础的综合性评价（考能力和整体素质）

从表 1.1 可以看出，与传统学习相比，网络学习是以启发学生探索为主的交互学习，侧重于多样化和个性化的学习，以及对学生学习过程的综合性评价。

网络学习是以因特网为学习工具和载体的，所以这种学习具有数字化、多媒体化、信息量大、交互性强、覆盖范围广等特点。结合表 1.1 的分析和因特网本身的特点，我们可以发现网络教学环境下学习者的学习具有以下新的特征（曹梅，2002）。

1）自主性和个别化学习。网络教学环境下的学习改变了传统课堂中必须在指定的地点、时间进行教学的方式，学生不再是被动的接受者，教学内容也不仅仅局限于教材。网络教学环境下的学生可以根据个人的特点和意愿，采用适合自己的学习方法和学习策略，主动地选择学习内容、学习时间和学习地点，根据自己的实际情况控制学习进度，进行自主性的网络学习。

一个阶段的学习结束后，学习者可以通过网络自我测试和同伴间互测的方式进行自我评价，检验学习效果，从而增强学习兴趣和学习主动性。网络教学环境下的整个学习过程都是以学生为中心，学习是学生主动建构知识的过程。

2）交互性和协作化学习。交互性是因特网的一个重要特点，所以在利用网络进行学习的过程中，学习者之间、学习者与教师之间的交互和协作可以帮助学习者更好地理解知识、思考问题，在进行相互评价的过程中得到激励，并获得因为时空分离而缺失的情感，进而调动学习的积极性。每个学习者在网络中都是以平等的身份与他人合作完成学习任务，这种平等会增强协作的有效性，更有利于学习者之间相互帮助、共同进步。

3）开放性和终身化学习。网络学习打破了传统的班级授课教学模式，学习形式更具有开放性，更多的人在不远离家门的情况下就能接受高质量的教育。丰富、易获得的学习资源也是网络学习具有开放性的表现。俗话说"活到老，学到老"。终身教育是人一生所受各种教育的总和。网络学习可以突破时间和空间的限制，为所有有意愿学习的人提供良好的学习环境，这是传统的课堂学习所不能达到的。

4）基于媒体技术的学习。作为网络学习重要组成部分的学习资源是经过教师或教学专家设计和合理开发后发布在网络教学平台上的，学习者通过网络和计算机浏览和下载学习资源进行学习。信息技术、媒体技术是连接教师和学习者的有效工具，基于网络的教学在"教"和"学"两个方面都需要媒体技术的支持。另外，网络学习的实现还需要可靠而安全的网络传输系统。

1.4.2 在线学习

在线学习平台主要是学习者通过网络进行学习的一种媒介。学习者可以在在线学习平台上获取学习资源、跟老师进行互动，或者与其他学习者进行交流和讨论。在线学习平台可以通过记录学习者在线上参加学习的课程进度、课后练习巩固程度、模拟考试、答疑解惑、互相交流等情况，实现对学习者学习情况的全程跟踪管理和对学习者学习需求的全面掌握，可以通过对学习者学习行为数据的分析，调整学习进度和方向，能让学习者更加系统、全面、科学地学习。

在线学习平台界面友好，无须安装系统软件，只需要登录在线学习平台，开通账号即可学习。学习者可以在线了解学习效果，在学习互动区进行互动，该平台为学习者提供了友好的在线学习环境。

在线学习平台的课程引入国际统一标准的电子学习（E-learning）课件，课程设计按照学习目标，围绕信息活动、协作交流、学习活动和评价活动这四个维度进行开发，每个课件中都设置了思维导图、自测题、案例分析和问题求解等模块。课程形式更为多样，融知识讲解类、应用体验类、角色扮演类、互动游戏类、动漫情景类、电子杂志类、流媒体类等多种类型的课件于一体。在线学习的具体过程如图1.2所示。

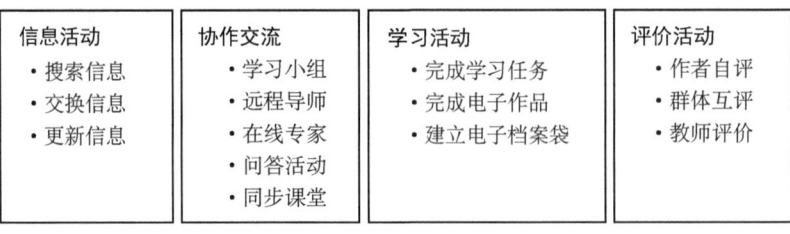

图 1.2　在线学习过程

与传统学习相比，在线学习具有开放性。从学习资源和学习环境的角度分析，在线学习具有以下几个特点。

1）学习资源数字化。在线学习最大的特点是学习资源数字化。在在线学习中，将传统学习中使用的教科书等纸质教学资源经过数字化处理，转化成数字化的学习资源，通过网络在电子设备上呈现，打破了时间、空间的限制，具有共享性。按照呈现方式的不同，可将数字化学习资源分为文字、图片、动画、音频、视频。

数字化学习资源的出现使网络教学成为可能，一方面，学习资源能循环使用，节约了学习资源，降低了教学成本；另一方面，数字化学习资源是依托互联网设计的，可以实现无纸化操作。如今，在线学习平台的发展为教师提供了快捷、方便的学习资源上传通道，学习者可随时随地学习世界名校名师的课程，不用再为找不到学习资源而苦恼。

2）自主性。在在线学习中，学习者不再受教师、课堂的约束，可以根据自己的兴趣爱好确定学习内容和学习目标，自由选择学习时间和学习地点。学习者身处一个自由的学习环境，能够更好地进行自主学习。在线学习平台可以为学习者推荐个性化的学习资源，学习者能够依据自身情况进行个性化的学习，这体现了以学生为中心的理念。在线学习为学习者提供了一个全新的自主学习环境，学习者可以在知识的海洋自由遨游。

正是在线学习的自主性导致自由度难以控制，学习者在学习过程中会面临一定的挑战。在自由的学习环境中，学习者需要具备一定的自我约束能力和学习规划能力。自制力较弱和学习规划能力不强的学习者在学习过程中很容易受到网络中其他信息的影响，甚至不能坚持到最后。正如 MOOC 学习的辍学率较高，笔者认为其中一个原因就是学习者缺乏一定的自我约束能力和学习规划能力。

3）协作性。在在线学习环境中，学习者处于一种群体协作环境中，他们的学习驱动力或许各不相同，但他们都有一个相同的目的，那就是获取知识。因此，在线学习者是一个有着相同目的的群体，在这个群体中，他们可以随时随地展开交流与讨论。

4）交互性。交互性是指在多媒体网络环境和资源支持下的学习活动中各要素之间保持信息交流。网络技术的发展使交互环境变得纷繁复杂，在线学习特别强调在线学习环境与学习者的交互性。笔者认为，从宏观上来说，在线学习的交互性涉及整个在线学习环境。它不仅包括学习者之间、学习者与教师之间的讨论交流，还包括资源的呈现方式、界面的设计、色彩的搭配等。简单地说，在线学习环境中能够带给学习者体验的一切均来源于学习者与环境以及学习者之间的交互。因此，较强的交互性能够激发在线学习者积极有效的学习行为。

在教学设计过程中，学习者特征分析是一个非常重要的步骤。乌美娜（1994）在《教学设计》一书中提出，在强调以学习者为主体的教学理念下，要在教学活动中充分体现学生的主体性,在进行教学设计时首先应该充分地了解学习者,即学习者特征分析。学习者特征分析的内容包括学习准备和学习风格。其中,学习准备是指学习者在学习新知识之前已具备的学业知识和心理认知。学习风格最早由美国的哈伯特·塞伦(Herbert Thelen)提出,一经提出便引起广泛关注。不同学者对学习风格的定义各不相同,但他们对其本质的解释是一致的,一致认为学习风格是学习者学习时的学习倾向、个性特征,具有稳定性。

在学校课堂教学中,学习者特征分析是指教师在设计教学内容的前期阶段,对学习者的已有知识水平、认知结构、社会特征等进行分析,以确保教学设计的可实施性。学习环境的改变使得在线学习与传统课堂教学有所区别,基于对在线学习评价模型可实施性的考虑,有必要对在线学习者特征进行分析。在线学习者年龄不一,从事的职业不尽相同,因此学习者特征较为复杂。为了控制研究对象的范围,本书研究以云南师范大学在校大学生为研究对象。

学习者在虚拟的学习环境中进行在线学习,需要具备一定的计算机操作技能。本书以在校大学生为研究对象,从操作技能基础、认知能力、情感态度与价值观三个方面对学习者特征进行分析。

1)操作技能基础。在线学习需要具备一定的计算机操作技能,基于在线学习平台的学习,学习者需要具备注册、登录、播放、浏览网页、文字编辑等能力。现阶段,初中、高中和高校都开设了信息技术课程,并且计算机普及程度已经很高,因此我们认为学习者已经具备在线学习所需的基本操作技能。

2)认知能力。根据皮亚杰的认知发展理论,智力和思维发展分为四个阶段:0~2岁为感知运动阶段,2~7岁为前运算阶段,7~11岁为具体运算阶段,11~15岁为形式运算阶段(皮亚杰,1981)。在校大学生普遍为18~22岁,已经达到了形式运算阶段。

本书研究的在校大学生在智能发展上已呈现出成熟特征,具有了假设-演绎思维、抽象思维和系统性思维,并且有了一定的逻辑辩证思维,思维的独立性较强。

3)情感态度与价值观。依据皮亚杰的认知发展理论,大学生在情感方面有了明确的价值观念,自身有了较强的信念和社会参与感,自我调控能力提高,人格逐渐稳定,他们深信通过自身的努力能够达到目标,其学习动机倾向于信念性。

1.4.3 自我效能感

1.4.3.1 自我效能感的内涵

自我效能理论是社会学习理论体系的重要组成部分之一，是当代心理学用来探究和解释人对其能力的知觉或信念的重要理论。美国学者班杜拉（Bandura，1997）首次提出了自我效能感（self-efficacy）。它的基本特点是强调主体因素对人类学习的必要性以及对人类潜能开发的决定性。自我效能感理论在社会学习方面有着广泛的应用。

班杜拉提出自我效能感的概念之后，经过多次思考，最终将自我效能感界定为人们对组织和实施达成特定成就所需的行动过程的能力的信念（Bandura，1997）。从他不同时期对自我效能感概念的把握来看，所谓自我效能感，实际上就是指人们对成功实现特定目标所需要的行动过程能力的预测、感知、信心或者信念，是人们在执行某一行为操作之前，对自己能够在什么水平上完成该行为活动所做的预期、判断，以及具有的信念和自我感受。

自我效能感并非实际的技能水平，而是一种信念与信心。它决定了一个人在从事任务时的坚持性和任务被顺利执行的可能性。自我效能感会以不同的方式影响个体的动机与行为，支配个体对行为的控制与调节。自我效能感强，能够提高个体任务的完成度与工作质量。自我效能感主要会影响人的行为取向与行为任务的选择、努力程度与坚持性、归因方式和情绪反应等，具体如下。

1）行为取向与行为任务的选择。在社会生活中，人们做什么或不做什么，往往受制于个体对效能的判断。人们往往选择自己觉得能够胜任和有信心完成的任务，而避开那些他们认为超出了自己能力的任务。某一方面的自我效能感越强，成功的可能性越大，人们越容易选择这方面的任务；反之，人们则会避开这方面的任务。

自我效能感也制约着个体对任务难度的选择，自我效能感强的个体有较强的自信，倾向于选择适合自己能力水平且又具有挑战性的任务，而自我效能感低的个体倾向于选择容易完成的任务。

2）努力程度与坚持性。自我效能感强的个体会在做任务时更加投入，愿意花费更多的时间，付出更大的努力，而且面对挑战与挫折时，具有坚强的意志力，能坚持不懈地完成任务。自我效能感低的个体面对任务，会怀疑自己的能力，缺乏必要的自信，常受紧张、焦虑等消极情绪的困扰，在困难面前会退缩，没有经过努力就自我放弃。

3）归因方式和情绪反应。自我效能感影响着人们的归因方式。自我效能感强的个体倾向于将行为的失败归因于自己不够努力；自我效能感弱的个体倾向于将行为的失败归因于自身能力的缺乏。自我效能感较强的个体会选择一个具有挑战性的活动任务，对活动任务的完成有浓厚的兴趣，能够确立一个具有挑战性的目标，付出更大的努力，运用更多的认知策略，并在失败后容易恢复自信，把失败归因于努力不够等，在困难和挫折面前心情平静，能够冷静地思考和处理问题。自我效能感较弱的个体容易把困难估计得比实际更大，在问题与困难面前，紧张、抑郁、思路狭窄。

自我效能感还会影响人的情绪反应。在任务完成过程中，自我效能感强的人精力充沛、思维活跃，能够充分认识和预估任务的性质和遇到的困难等，能对信息进行深层加工，积极寻求解决问题的办法，很少受紧张、焦虑等消极情绪的困扰。自我效能感弱的个体在任务完成过程中会过多地考虑自身的不足，把困难想象得比实际更大，这种信念会使个体产生压抑、抑郁的情绪反应，过多地考虑失败的消极影响，解决问题的思路变得狭窄，进而阻碍其能力的有效发挥，从而影响任务的完成度。

1.4.3.2 自我效能感的维度

通常，自我效能感有数量、强度和普遍性三个维度（魏玮等，2014）。

1）自我效能感的数量。自我效能感的数量是在行为等级中提高难度或认为自己能够做的数量。例如，一个想戒烟的人可能会认为，在没有其他人吸烟的条件下，自己能坚持不吸烟。然而，他对在其他人吸烟的情况下自己坚持不吸烟的能力表示怀疑。

2）自我效能感的强度。自我效能感的强度是个人确信自己能够执行一种行为的绝对值。例如，两个吸烟者可能都认为自己在晚会上能不吸烟，但是一个人比另一个人的信念更强。自我效能感的强度与面对挫折、痛苦时的坚持性有关。

3）自我效能感的普遍性。成功或失败都会影响自我效能感的程度，或者自我效能感的变化是否可扩展到类似的行为和背景中。例如,戒烟者在高风险情境中戒烟成功了,可能会把他的自我效能感扩展到其他情景中,如戒酒或减肥等。

虽然分析自我效能感需要评定它的数量、强度和普遍性,但是在实际研究中,绝大多数研究者仅测量自我效能感的强度,即测量个体在某些条件下执行一种行为的能力。

1.4.4　网络学习自我效能感

1.4.4.1　网络学习自我效能感的内涵

根据班杜拉对自我效能感概念的界定,如果将自我效能感的研究限制在网络学习领域,那么就形成了一个新的概念,即网络学习自我效能感。关于网络学习自我效能感这一概念,不同的研究者有不同的看法。

童金皓、边玉芳(2005)认为网络学习自我效能感是个体的网络学习信念,即学习者对自己能否有效使用计算机、因特网以及其他现有的资源工具,利用自己拥有的能力或技能去完成网络学习课程的自信程度的评价,是个体对控制自己的网络学习行为、完成网络学习任务能力的主观判断。

彭华茂等(2006)通过研究自我效能感的理论,将远程学习效能感定义为学习者对自己能否在一定水平上完成远程学习任务所具有的能力的判断和主体自我的把握。

本书主要使用刘春华(2010)对网络学习自我效能感的定义。他认为,网络学习自我效能感是指学习者对自己能否在一定水平上完成网络学习任务所需能力的自我判断或自我评估。在网络学习环境下,学习者的信念和对自己行为能力的主观判断主要是指完成网络学习任务或目标的信念和获取、整合信息的能力。

综上所述,可以认为网络学习自我效能感包含以下四个方面。一是学习能力判断,即学习者对其在网络学习过程中能做什么的行为能力的主观判断和评估。二是信息整合,即学习者在网络学习过程中整合各种信息的能力。三是目标达成,即在网络学习环境下学习者对网络学习任务或所能达到的水平的判断。四是自我信念形成。网络学习自我效能感形成后,最终会成为学习者的一种内在的自我信念。

在网络学习环境下，自我效能感的高低会对学习者的学习产生一定的影响。一般情况下，自我效能感高的学习者对网络学习有浓厚的学习兴趣和较强的成就动机，他们倾向于设置较高的学习目标和选择难度大、具有挑战性的学习任务，在学习过程中倾向于采用精加工和组织的策略，把新旧知识联系起来，深层次地辨别知识之间的细微差别，进行主动的探究式学习，能有效地调控自己的学习行为。

1.4.4.2　网络学习自我效能感的维度

从结构来看，网络学习自我效能感是多维度的，其主要围绕水平、强度和广度三个维度变化（朱晓菊，孙祯祥，2006）。

第一，网络学习自我效能感的水平是指网络学习者能够降低网络学习任务给学习者增加困难的程度或完成该学习任务对学习者的能力信息的威胁等级，即在行为等级层次中，学习者觉得自己能够完成不同难度和复杂程度的网络学习任务所需行为的等级水平。有些人的网络学习效能预期停留在较低难度水平的网络学习任务上，有些人能扩展到中等难度水平的任务上，有些人则能延伸到高难度水平的任务上。例如，在网络学习过程中，有的学习者认为在没有任何其他网络影响因素的环境中，自己能坚持完成网络学习任务，然而在高压力或有其他网络因素影响的环境中，他会怀疑自己的网络学习能力。

第二，网络学习自我效能感的强度是指学习者确信自己能完成受到怀疑的任务的决心，即学习者对自己完成不同难度和复杂程度的网络学习活动或任务的能力的自信程度。网络学习自我效能感比较低的学习者在不一致经验的作用下很容易降低努力的程度，而网络学习自我效能感比较高的学习者在不一致经验的作用下仍能保持其努力程度。例如，两个网络学习者可能认为他们在同一网络学习活动中能完成学习任务，但一个人可能比另一个人持有更高的信心。网络学习自我效能感的强度与学习者在面对学习过程中的挫折、痛苦或其他行为障碍时的坚持程度有关。如果学习者在网络学习中遇到困难时能够坚持下去，就会累积起较高的网络学习自我效能感强度。

第三，网络学习自我效能感的广度是指成功或失败的网络学习经验以一种有限的、特定的行为方式影响网络学习自我效能预期的程度，或者网络学习自我效能感的改变是否能延伸到其他类似的行为或情境中去。例如，在容易迷航的网络环境中完成信息检索这项网络学习任务会泛化到其他需要自我控制的情境，如不受他人的影响完成网络学习任务。

1.4.4.3 自我效能感对网络学习质量的影响

自我效能感是影响学习者的学习主动性和参与度的重要认知变量，学习者的学习目标和学习行为都受自我效能感的影响。自我效能感影响或决定了人们对行为的选择，以及对该行为的坚持性和努力程度；影响了人们的思维模式和情感反应模式，进而影响新行为的习得和习得行为的表现。网络学习行为能否达到学习者期望的目标，也与自我效能感相关。所以，将自我效能感引用到学习评价中，可以对学习者的学习进行个性化和综合性评价。此外，如果学习者在学习初始时对自己学习行为的预定与学习结果一致，那么可以给予学习者一定的激励。

第 2 章

学 习 行 为

2.1 学习行为的概念及研究现状

2.1.1 概念

学习行为主要是指学习者在学习过程中通过观看视频、学习各种学习资源等对知识进行意义建构。基于主流的心理学观点，学习行为可分为两种：外显学习行为和内隐学习行为。外显学习行为是可以直接观察到的行为，如阅读、记笔记等，而内隐学习行为是不可以直接观察到的行为，如思维、意识等。

不同的教育者对学习行为理解的侧重点也不同。彭文辉（2013）认为，学习者在学习过程中发生的与学习相关的行为，即称为学习行为，如各种学习活动。高杰（2005）认为，学习行为包括选择的学习方法、学习者自身的学习习惯和学习者自身的学习能力等方面，是学习者在学习活动中综合表现出来的全部反应或动作。冀芳（2007）认为，学习行为是学习者在课堂学习过程中表现出来的，能观察和测量到的所有反应和动作。胡卫星、赵苗苗（2005）认为，学习行为是指学习者在学习过程中采用的具体行为模式与方法，是特定情景下学习者学习活动具体化的表现。

大多数研究者认为学习行为是学习者在学习动机的牵引下，为达到某种学习结果，与周围环境进行交互的行为。

一般而言，学习行为是一种后天通过生活经验和学习获得的行为，在本书中指学习者在学习过程中与学习环境交互产生的和学习相关的所有行为。学习行为包括外显学习行为和内隐学习行为。我们往往通过外显学习行为评判一个人是否努力，学习态度是否积极，而内隐学习行为则关系到学习者对学习内容的掌握程度，从这个角度来说，二者之间的关系可以用孔子的"学而不思则罔，思而不学则殆"来概括。学习行为的发起者是学习者，影响学习者学习行为的因素有很多，如学习环境、学习资源、学习操作、学习规则、组织形式等。

2.1.2　研究现状

2.1.2.1　国内研究现状

学习行为是学习者学习过程的重要体现，对学习结果起着决定性作用。结合学习资源与教学情境，研究者通过分析学习者与教师、学习同伴之间的行为反馈，来探究学习者不同的行为模式与其学习成效之间的关系。学习分析的核心是学习行为，因此仔细观察和分析在线学习者的学习行为显得尤为重要。

郁晓华、顾小清（2013）认为，对学习者学习行为的理解和观察是学习行为分析的核心，要追根溯源地考察影响学习者学习行为的需要、动机等因素，进而优化学习者的学习过程及学习行为发生的环境。杨现民等（2016）通过五个步骤从在线学习行为外显操作和内隐认知两个层面采集数据，进而对学习者的学习行为进行了分析。

2.1.2.2　国外研究现状

国外对学习者学习行为的研究早于国内，取得的成果也较为丰富。国外学者普遍认为，在线学习行为的研究目的是发现学习者潜在的学习规律或风格，通过对其学习行为进行适当的干预、预测和评价，来提高学习者的在线学习效果（桑秋侠，2016）。

Strang（2016）在研究中通过分析学习者在网上商务课程中的学习行为，认为学习行为和反思性学习对学习者的期末成绩有重要影响。Prior 等（2016）从学习态度、信息素养和自我效能感三个方面对在线学习行为对学习效果的影响进行了研究。Sun 等（2014）主要探究了学习者的学习行为与小组合作、学习风格之间的联系。Zheng 等（2013）分析了学习者的先验知识水平与其在线学习行为之间的关系，最终研究结果表明，拥有更高水平的先验知识的学习者的学习积极性更高，学习效果更好。

国外学者通过各种学习工具和软件，追踪、记录和分析了学习者的在线学习行为。Zhang 等（2015）认为，学习行为的内在转变是一个从外部到内部、从内部到外部的"螺旋式"过渡发展过程。Sonamthiang 等（2013）提出了"学习行为颗粒化"理论，用该理论来发现学习者与智能辅导系统（intelligent tutoring systems）之间的学习互动粒度，管理学习行为的不确定性，使用基于粗糙集的地图颗粒将 N-gram 模型聚类成层次结构。该层次结构可用于预测学习者在智能辅导系统中的再学习行为。

部分国外学者从分析方法和分析模型构建的角度提出了自己的构想。例如，Chang 等（2010）提出，可以基于佩特里网（Petri net）方式描述学习者的学习行为。Yang 等（2013）根据在线学习者的行为模式以及区域差别构建了多层次的学习行为模型。Park 等（2016）采用聚类分析的方法对韩国某高校的 612 门课程的学习者的学习行为特征进行了分析。Lonn 等（2012）在 2012 年开发出了学习者干预系统，此系统主要挖掘学习者学习过程的数据，能够及时地将有关学习者的学习结果反馈给教师，因此教师可以根据学习者学习的实际情况，制订出更加符合不同学习者特征的学习计划，达到因材施教。Shimada 等（2015）根据学习管理系统上的学习行为数据，用机器学习与行为分类方法对非正式学习中不同学习行为之间的关系及其在相应课程测验中的有效性进行了分类。Durksen 等（2016）利用贝叶斯网络（Bayesian network）对大规模网络教学平台背景下的学习者进行了研究，从而建立了一个基于学习者学习心理需求的概率分析模型。

2.1.2.3　国内外研究现状评述

为了从整体上解读国内学者在学习行为分析方面的研究情况，本书以"学习行为分析"作为检索关键词，在中国知网全文数据库的优秀期刊和优秀博硕士论文中以精确匹配的方式对 2008—2021 年发表的研究成果进行了检索（检索时间为 2021 年 12 月 20 日）。通过分析整理，共检索到 870 篇，其中期刊论文 501 篇，博硕士论文 369 篇，如图 2.1 所示。

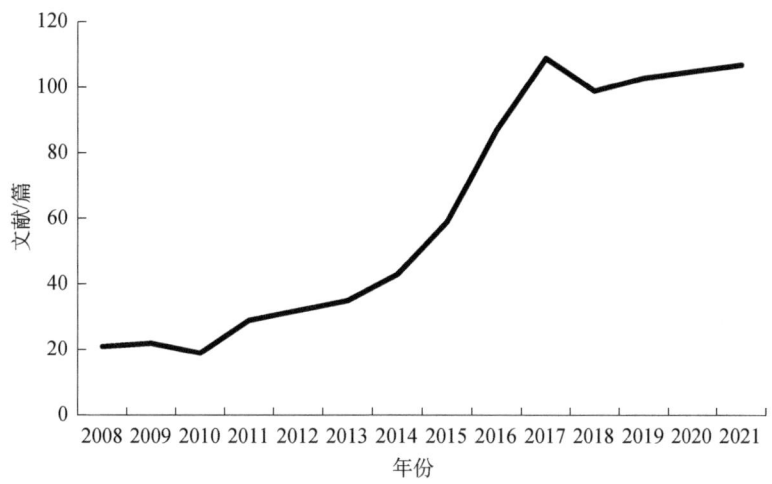

图 2.1　2008—2021 年国内学习行为分析研究文献分布情况

从图 2.1 可以看出，2008—2021 年，我国对学习行为分析的研究整体呈现逐年增长的趋势，说明近年来在线学习行为分析已逐渐成为研究热点。

近年来，随着大数据的出现，国内在研究学习行为分析方面取得了明显的成果。通过研读近年来在线学习行为分析的文献，我们发现多数国内研究者将研究重点放在学习行为分析模型的理论及框架构建上，在线学习行为数据的收集、预测、分析等方面的相关研究仍有较大的提升空间。

李爽等（2016）根据学习者的行为投入，对在线学习行为投入进行了分析和框架构建，得出了在线学习投入程度对课程成绩影响较大的结论。蒋卓轩等（2015）针对 MOOC 学习平台学习者的学习行为特征，对在线学习行为进行了分类和探讨，还研究了在线学习者的学习行为与学习成果之间的关系。姜强等（2015）基于大数据分析，从数据与环境、关益者、方法和目标四个维度对学习者学习行为和学习效果之间的关系进行了全面分析。贺超凯等（2016）通过大规模分析学习行为数据，找出了学习者潜在的学习行为特点，采用 Logistic 回归方法对学习者的成绩进行了预测，可以达到提高教育教学质量的效果。彭绍东（2017）基于交互层次视角，利用大数据分析技术确定了三种挖掘对象（服务器日志、平台课程数据库、论坛帖子集），从中挖掘出了三种学习行为特征（操作行为特征、活动行为特征、言语行为特征），对研究在线学习行为特征与规律的方法进行了深入探讨。

综上所述，基于在线学习环境下的学习行为分析，主要依托网络作为交互的媒介和资源的载体，从而开展各类在线教学活动，包括知识传递、教学效果测试等。国内外在线学习环境下对学习者的学习行为的研究已经取得了显著的效果。一般通过技术手段监测学习者的学习过程，收集学习行为数据进行分析，并对学习者的学习效果进行评价。

当然，我们也可以发现，国内外研究者的研究重点偏向于理论研究，基于在线学习环境，学习行为的数据收集、预测、分析等相关技术和方法的应用仍然有很大的研究空间。另外，对在线学习行为数据的获取缺乏针对性，基本都是直接从数据库中获取。

2.2　学习行为分析

2.2.1　概述

学习行为分析是目前大数据分析在教育领域中的应用，获得了国内外学术界的广泛关注。学习行为分析是集数据挖掘、学习科学、统计学、信息科学、社会学等多门学科于一体的新兴研究领域。学术界成立了学习分析研究协会组织，其宗旨是通过学习行为分析，提高专业学术研究的标准，丰富开放教育资源，增强政策制定者和决策者的分析意识，推进利益相关者间的协作沟通（吴青，罗儒国，2015）。

目前，关于学习行为分析没有明确的定义。最早的学习行为分析的概念源于文章《学习分析：未来第三次浪潮》（Learning analytics：The coming third wave），其认为学习行为分析就是收集和分析学习过程中产生的数据，从而更好地观察学习者的学习行为（Brown，2011）和理解学习如何发生的过程。学习分析领域专家 Siemens 提出：学习行为分析从根本上而言是收集和测量学习者在学习过程中产生的数据，然后将分析结果反馈给学习者、教育工作者以及管理者，更好地理解学习发生过程，考虑如何改善学习经历或学习发生的环境（魏雪峰，宋灵青，2013）。

学习行为分析的核心就是观察和理解学习行为，研究对象是学习者及其相关的学习情境，研究基础是教育活动中产生的海量学习数据和学习分析过程中产生的中间数据，研究目标是评估与预测学习者活动、找出学习过程中隐藏的问题、为教育活动的利益相关者提供相应的决策支持，从而设计出更好的学习过程和营造更佳的学习情境（王良周，于卫红，2015）。

2.2.2 学习行为分析模型

2.2.2.1 学习行为的OCCP层次化模型

勒温认为，人类行为具有分层的特性，学习行为也不例外，复杂的学习行为是由一系列简单的学习行为组成的（王克强，2014）。学习行为 OCCP（operational，cognitive，cooperative，problem-solving）层次化模型（表2.1）指出，从低层次到高层次，学习行为的程度在不断加深（彭文辉，2013）。

表 2.1　学习行为 的 OCCP 层次表

层次	名称	描述行为	行为列举
1 （最低）	操作行为层（operational behavior layer）	与学习行为相关的外显操作行为	阅读、记录、倾听
2	认知行为层（cognitive behavior layer）	学习的认知行为	记忆、分析、辨别、比较
3	协作行为层（cooperative behavior layer）	个体之间的协作交流行为	讨论、合作、辩论、答疑
4 （最高）	问题解决行为层（problem-solving behavior layer）	问题解决、产生结果或方案的行为	设计、制作、鉴定、作业

2.2.2.2 学习行为三维分类模型

彭文辉（2013）在《网络学习行为分析及建模》一书中提出了较为综合的在线学习行为的 S-F-T（structure-function-type）三维分类模型（图2.2）。

基于在线学习环境下学习者的学习行为分析符合在线学习行为的三维分类模型，基于结构维度是从学习行为系统的结构角度出发，主要从操作行为、认知行为、协作行为、问题解决行为四个角度进行分析；基于功能维度是从学习者在线学习时处理信息的方式进行分析，主要从查看信息、组织加工信息、运用信息、发布信息四个方面进行研究；基于方式维度主要是对网络教学平台中学习者交互的方式进行探讨，根据交互的实时性将其分为同步交互和异步交互。

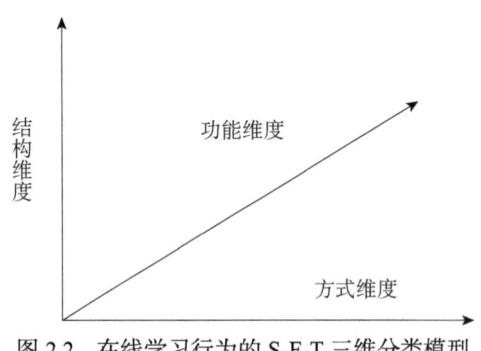

图 2.2　在线学习行为的 S-F-T 三维分类模型

2.2.2.3　学习行为分析模型比较

为了更好地分析和优化学习行为，胡艺龄等（2014）基于学习需求分析，结合数据挖掘、学习行为和网络行为分析的理论与方法，对在线学习行为过程进行了分析与建模，从数据、机制、结果三个方面构建了在线学习行为分析模型（图 2.3）。

李香勇等（2017）构建了数据驱动的自适应学习分析模型（图 2.4），以多元的学习者的本体数据和行为数据为核心，以个性化推荐和自适应学习为目标，从数据驱动这一角度应用流程式的分析方法，设计出数据驱动的自适应学习分析模型，模型中关于学习行为分析的法律及伦理规范，贯穿了学习行为分析的整个过程。

张燕（2015）通过汇总学习者在学习平台中进行课程学习、讨论、答疑、考试等行为时产生的数据形成数据集，对学习者的基本特征、学习规律、学习内容、学习效果等进行了分析，将分析结果加以综合后反馈到学习平台，学习平台经过个性化模型设计后，再次反馈到用户层面，通过对数据分析的过程进行详细的分解，构建出了网络教育学习行为分析模型（图 2.5）。

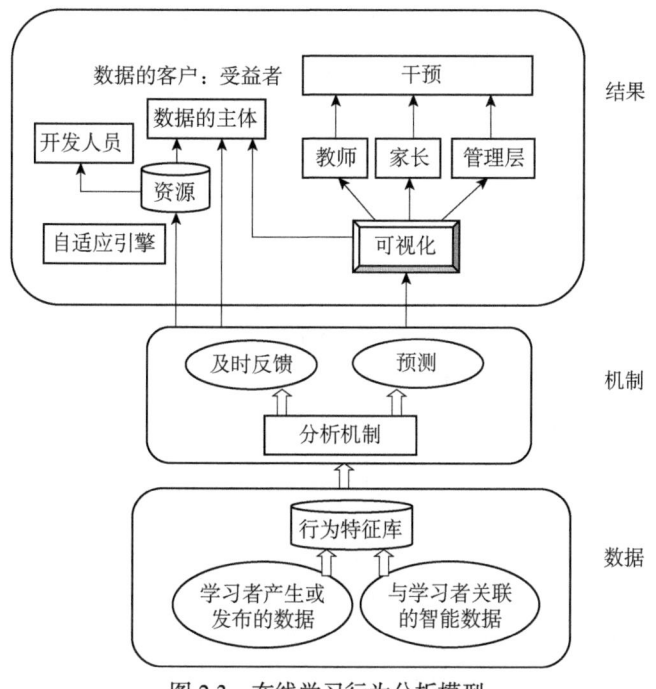

图 2.3　在线学习行为分析模型

图 2.4　数据驱动的自适应学习分析模型

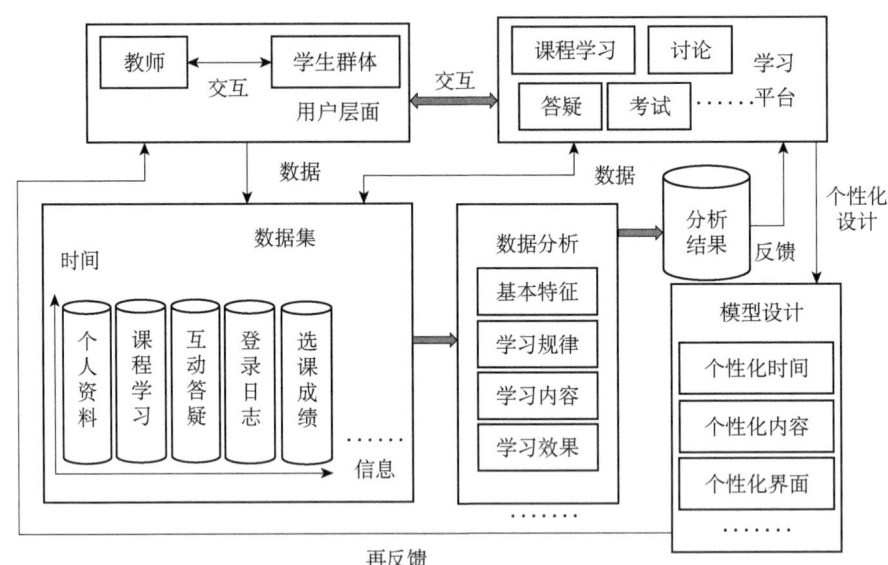

图 2.5   网络教育学习行为分析模型

李艳燕等（2012）提出学习行为概念模型，通过数据采集、数据存储、数据分析和数据表示来对学习者的学习情况进行预测、评估和干预（图 2.6）。

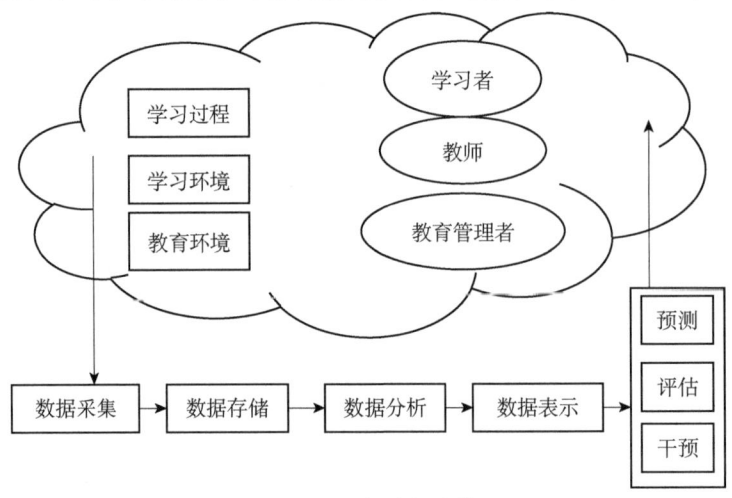

图 2.6   学习行为概念模型

基于对以上几个学习行为分析模型的对比分析，不难发现其共同特征：这些模型构建的基础都是学生的学习行为数据，通过不同的分析过程得出分析结果，并且把结果反馈给学习的利益相关者，即学习分析模型由学习数据收集、数据分析、结果呈现三个基本环节构成。通过对数据的存储、数据的收集与处理、结果的可视化呈现来实现对学习行为的过程分析，根据得出的分析结果为学习者提供干预和反馈等一系列有关的学习指导，因此学习行为分析是一个循环往复、不断改进的过程（王祎，2018）。

当然，通过对模型的分析可以看出，每个模型构建的侧重点有所区别，学习行为数据分析方法各有千秋。笔者认为，对学习行为分析模型的构建可以分为两个方面：在宏观层面上，对在线学习平台上的学习行为的共性进行研究，构建出基于宏观方面学习行为数据的分析模型；在微观层面上，针对某个具体的在线学习平台，构建出具有针对性的学习行为分析模型。这两种模型的构建各有优劣，研究者可以根据学习行为分析数据的实际情况选择合适的学习行为分析模型。

2.2.3 学习行为分析方法

2.2.3.1 数据挖掘

数据挖掘是从大量、不完全、有噪声、模糊、具有随机特点的实际应用数据中，提取隐含在其中的、人们事先不知道的、潜在有用的信息和知识的过程，从而帮助用户更好地解决实际问题（周爱华，申玉静，2011）。数据挖掘涉及统计分析、信息检索、机器学习等多个学科知识领域。要完整地实现数据挖掘，需要做好许多前期准备和后期分析工作。一个完整的数据挖掘项目实施流程如图 2.7 所示。

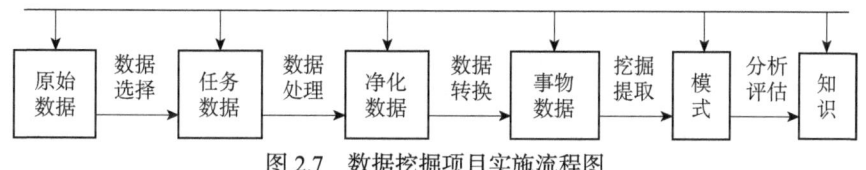

图 2.7　数据挖掘项目实施流程图

随着数据挖掘研究的深入，数据挖掘技术日渐成熟，应用范围更加广泛（吴发荣，2012），如在科学研究、政府管理决策、医学等领域发挥着重要作用。随着各种学习平台的不断涌现，教育数据挖掘在教学中的应用也不断增多。

教育数据挖掘的目的是发现数据背后隐藏的知识，让学习者、教学研究者更好地从数据的海洋里及时发现有用的知识，改善传统的学习方式，提高学习者的学习效率，拓宽知识面，提高学习的主动性和积极性。

教育数据挖掘一般包括以下步骤。

第一步，数据筛选。根据挖掘对象找出要分析的数据，缩小数据处理范围，提高数据挖掘质量，即分析目标数据。

第二步，数据预处理。对目标数据进行再次清理和数据集成，对数据格式进行标准化，清除重复数据。

第三步，数据变换。这个阶段是对数据进行规范化操作，将数据转换成适应数据挖掘的结构类型，并对预处理后的数据进行再处理，减少数据量。

第四步，数据挖掘。这个阶段根据确定的挖掘任务选择合适的算法，通过参数设置精准模式，并以聚类集、关联规则等方法表示出来。

第五步，结果/评价。尽量利用可视化的方法直观地呈现数据挖掘后的结果，以确定挖掘知识的有效性，并基于结果做出更加准确的决策（图 2.8）。

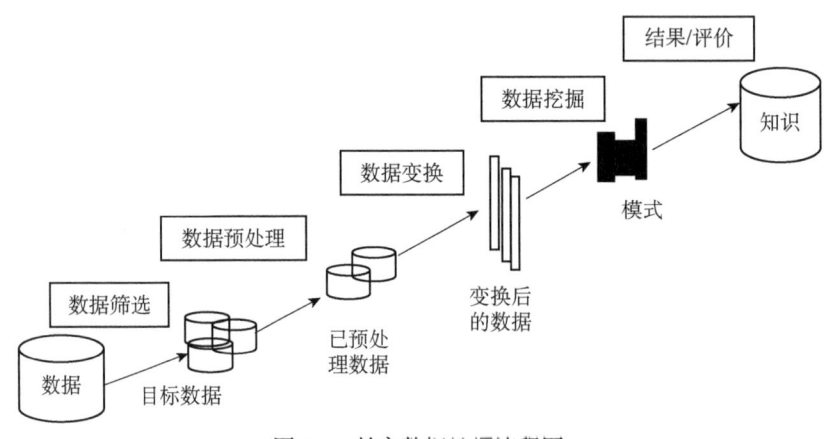

图 2.8　教育数据挖掘流程图

2.2.3.2　聚类分析方法

聚类分析（cluster analysis），简称群分析，是数据挖掘和分析的重要组成部分。它是指从隐藏的、无规律可循的数据中发现有意义的数据分布模式，在先前没有规定任何分组规则的情况下，按照数据本身的特征将其划分为不同的群组（赵小强，刘悦婷，2012），达到"物以类聚"的效果。

本书研究中，笔者选择了 K-means 算法。此算法于 1967 年由 MacQueen 提出，其核心思想是分类与距离。首先将样本中包含的 n 个对象按照特定的方法分

成 k 个不同的簇，再使用相应的算法（王攀藻，2017）确定一种使每个分类中的所有数据到该聚类中心的距离的平方和最小，这样就达到了聚类目的，使得相同簇内的数据相似度较高，不同的簇与簇之间的相似度较低。相似度是根据同一个簇中所有对象的平均值来计算的（马辉民等，2003）。E 是数据库中所有对象的平方误差的总和，p 是空间中的点，m_i 是簇心，即簇的中心点，反复进行这个计算过程，直到算出平均值（梁亚声等，2015）。E 的计算公式为

$$E = \sum_{i=1}^{k} \sum_{p \in C_i} \left(p - m_i\right)^2 \tag{2.1}$$

其中，C_i 表示第 i 个簇类，$i=1$，2，3，$\cdots$，k。

网络教学平台学习者的学习过程中，为了更深入地分析学习者进行在线学习时的行为特点，笔者在后台选择研究需要的数据，并对数据进行聚类分析处理。对学习行为的聚类就是把学习者在网络教学平台上学习后获得的同类数据结果归纳为同一种类型的学习行为。笔者从学习者课程视频观看完成度、课程页面访问次数、课程资料阅读完成度、作业完成度、章节测验完成度五个方面进行聚类分析，从中找出学习行为的一般特征，以求改进学习者学习行为中的不足之处，从而更好地改善网络教学平台上的学习者学习行为，为推进网络平台的持续发展，完善教学管理，促进学习者的学习，不断地更新学习资源，改善周围的学习环境等提出相应的建议。

2.2.3.3 相关分析

相关分析是进行数据分析时常用的方法之一。利用相关分析可以发现数据之间存在的某种关系，以及这种关系的强弱程度等。在本书研究中，笔者选用了两种相关分析，即皮尔逊相关系数和斯皮尔曼相关系数。

皮尔逊相关系数用来度量距离相等的变量之间的线性相关关系。笔者研究外显行为维度之间的相关关系时，采用的分析方法是皮尔逊相关系数（又可称其为矩阵相关系数）分析法，用来衡量两个变量之间的相关关系（张红霞，2009）。

笔者在对学习者的学习行为数据进行分析后，探究学习者的各种学习行为之间的关系。本书研究采用斯皮尔曼相关系数分析法对学习者不同的学习行为之间的相关关系进行分析，可以测量变量之间的线性相关关系。计算模型不要求数据服

从正态分布，其计算公式为

$$r = 1 - \frac{6\sum_{i=1}^{n}d_i^2}{n^3 - n} \qquad (2.2)$$

其中，n 是样本容量，d_i 是两个不同的学习行为数据的差值。

斯皮尔曼相关系数要求是成对出现的等级评定资料变量的测量值，或者是由多个连续变量的观测资料转化后获得的等级资料，无论两个变量之间总体分布的趋势如何、样本容量的大小如何（代佳利，2018）。斯皮尔曼相关系数分析结果取决于 r 绝对值的大小，其取值范围在 $-1 \sim 1$，r 用来表示两个变量间相关性的大小，$r>0$ 表示变量之间是正相关，$r<0$ 表示变量之间是负相关，$r=0$ 表示变量之间是零相关。

2.3　学习行为评价

2.3.1　概述

为了理解学习行为评价的内涵，我们不妨从学习行为、在线学习行为、学习评价三个方面来分析。

基于 2.1 节中对学习行为的阐述，我们讨论在线学习行为的概念。二者相比较可以看出，后者限定了学习环境这一要素，因此可以简单地概括为在线学习环境下学习者为完成学习目标进行学习的所有行为，包括外显学习行为和内隐学习行为。本书研究中的在线学习环境是指在线学习平台，学习目标是指由教师或学习者自己制定的长远目标或短期目标。外显学习行为体现在对在线平台的操作上，例如，学习视频的播放，学习资料的阅读、上传、下载，向老师提问，与同学、老师交流，发送或回复帖子等。内隐学习行为是无法直接观察到的行为，如思维、意识等。

学习评价是采用恰当的评价方法和工具，对学生的学习情况和学习效果做出判断，通过评价可以了解学生的学习背景和学习过程中存在的问题（李莉，2002）。在学校教育中，最常见的学习评价方式是通过考试将学生的学习成绩以分数的形式呈现。

通过学习行为评价，可以发现网络学习环境中学习者存在的问题，寻求提高学习者学习效率的方法。在线学习行为评价贯穿于整个学习过程，评价方式包括即时的、短期的、长期的。学生从评价反馈信息中可以了解自己对知识的掌握情况，从而调整自己的学习进度和学习策略。

从在线学习的过程来看，学习行为评价的意义和功能主要表现在以下几个方面。

1）监控和约束在线学习者。由于师生分离和学习的自由性，在线学习者的学习过程全靠自己掌控。意志力薄弱的学习者往往容易中途辍学，或是在学习过程中浏览与学习无关的网页，更有甚者为获取学分采用刷课的方式逃避上课。对在线学习者的学习行为进行评价，能够从心理上约束学习者，对在线学习者起到监督和约束的作用。

2）调节学习者的学习步调。通过网络技术跟踪手段，可实现对学习者的学习行为数据进行采集，掌握学习者的课程学习时间、测验练习时间、学习进度等。通过与优秀学习者的数据进行对比，我们可以在学习者的学习方法、浏览顺序、学习时长等方面给出反馈意见，由此可以调节学习者的学习步调。

3）促进学习者有效学习行为的发生。通过分析在线学习行为与学习效果之间的关系，能够找出与学习效果相关较高的学习行为。当学习者相应的学习行为存在问题时（如视频观看这一行为的完成度较低），通过对存在的问题进行分析，平台管理者可以通过学习平台将此预警信息发送给学习者，以促进学习者有效学习行为的发生。

4）为教师教学策略的改进提供依据。教师通过对在线学习者的学习行为进行评价，能够找到学习者存在的共性问题，从而对课程的教学策略、课程内容、教学方法等做出相应的改进，以达到提高教学质量的目的。

2.3.2　学习行为评价理论

2.3.2.1　行为科学理论

行为科学理论是研究人类行为的理论，属于管理学理论的一个分支，始于 20 世纪霍桑的实验。起初，它被用于通过研究人类的心理活动掌握人类的行为，进而科学地管理员工，最终达到提高劳动效率的目的。后来，有学者将其运用于教学管理，通过科学、合理地管理学生的行为，以实现提高学生学习效率的目的。

行为科学理论研究个体行为、群体行为、组织行为和动机与激励机制（耿直，2017）。行为科学理论认为，人的行为是由动机产生的，人的各种行为是为了满足自身的需要。个体行为是研究人的行为的基本单元；群体行为主要探讨的是群体凝聚力、群体特征等；组织行为是建立在个体行为和群体行为基础之上的行为。行为的发生需要动机、激励、态度等。

2.3.2.2　行为主义心理学理论

行为主义心理学理论认为，心理学研究的对象不应该是人的意识，而应该是可以测量的、能够观察记录的人的外显行为。人的行为是对所处环境的刺激做出的反应，行为的发生是由人所处的环境决定的（耿直，2017）。不同的环境带给人们不同的刺激，人们对不同的刺激做出不同的反应，由此就产生了各种行为。行为主义心理学创始人华生（J. B. Watson）用公式"S-R"表示行为主义心理学的行为模型。在该模型中，S 表示刺激，R 表示反应，该公式完美地诠释了行为主义心理学的精华，认为人类不存在遗传的性格、气质、能力、本能等，它们都属于"习得行为"。

新一代的行为主义心理学代表人托尔曼（E. C. Tolman）认为，在刺激和反应之间还缺少中间变量（如需求、认知）等，因此将华生的行为公式改为"S-O-R"，其中 S 表示刺激，O 表示刺激和反应之间的中间变量，R 表示反应。另一位行为主义心理学理论的代表人物斯金纳（B. F. Skinner）则将公式改为"S-R-S"，其中前面的 S 表示刺激，R 表示反应，后面的 S 表示强化。他承认行为是由环境刺激产生的，但更强调主动性，认为行为是个体主动发起的。斯金纳将行为分为反应行为和操作行为。反应行为即刺激反应，操作行为包括读书、乐器演奏、写字等，操作行为受经验的影响，先前已有的经验会影响操作行为的发生。

2.3.2.3　社会认知理论

社会认知理论是由美国心理学家班杜拉提出的。在此之前，关于人的行为的发生存在两种决定论：一种是行为是由内部力量决定的，代表理论有弗洛伊德的心理

动力学的无意识决定论、认知心理学的心理特质论；另一种是行为是由外部力量
决定的，代表理论有行为主义的环境决定论。班杜拉仔细考察了这些理论后，提
出了三元交互决定论，认为行为不仅仅由心理或环境等单方面因素决定，个体认
知、环境对行为都有十分重要的影响，行为、环境、个体认知三方相互影响（董
静，2012）。一方面，人的主体因素（动机、信念）能够强有力地支持人的行为，
行为的结果反过来又会影响人的主体情绪、思维方式；另一方面，个体通过行为能
够改变环境，使环境能够适合人的需要。

第 3 章

学习和评价理论

3.1 学习理论

3.1.1 新建构主义学习理论

新建构主义学习理论由建构主义学习理论发展演化而来（图 3.1）。建构主义认为在特定的学习情景中，在外界的帮助下，学习者建构自身知识经验。因此，建构主义学习理论指出学习者获取的知识并不都是由教师传授的，重点强调了学习是学习者在自身知识结构与外部知识或环境的相互作用下重构知识体系的过程（刘丹丹，2017）。

互联网的出现在一定程度上促进了教育的发展，但也出现了超负荷的信息量和碎片化的知识等问题。为了更好地解决这些随着互联网发展出现的学习行为问题，新建构主义学习理论应运而生。面对网络学习时代的各种难题，新建构主义学习理论提出将"为创新而学习，对学习的创新，在学习中创新"作为学习者学习的首要目标（王竹立，2011）。

3.1.2 学习条件理论

无论在传统的学习环境中还是在现今被广泛使用的在线学习平台环境中，

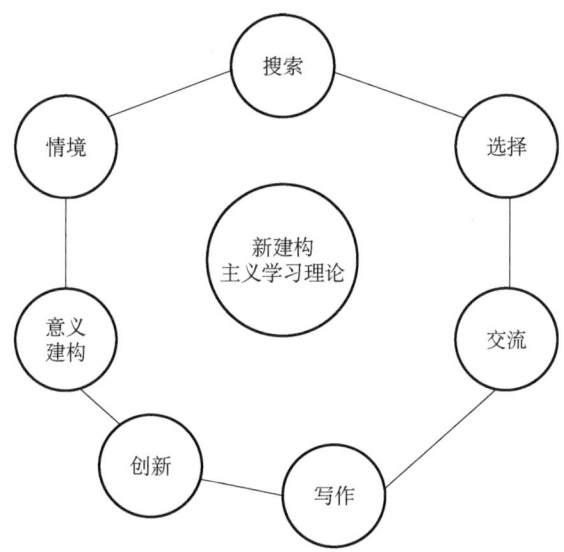

图 3.1　新建构主义学习理论的核心内涵

加涅的学习条件理论都具有普遍的适用性。该理论认为学习活动总是受到学习者的内部因素和外部因素的制约，二者彼此影响（王进，2018）。内部因素是指学习者原本的信息获取能力、动机、态度和自我效能感等，外部因素是指对人产生作用的刺激结构与方式，外部因素是影响学习的条件之一，学习者能否取得良好的学习效果，关键在于内部条件能否有效地被利用（卢如荣，2012）。

3.1.3　马斯洛的需求层次理论

随着对学习行为的深入研究，学习者的学习需求也在发生改变。马斯洛的需求层次理论对于了解学习者的学习需求有较大的帮助。该理论基于学习者的学习需求，从深层次理解学习者的学习行为，根据学习者的表现做出更加合理的评估和学习指导。马斯洛的需求层次理论从生理的需求、安全的需求、爱和归属的需求、尊重的需求和自我实现需求由表到深、由外及内地对学习者需求进行了分析（图3.2）。学习的需求在某种程度上影响了在线学习者的学习动机，从而影响了其学习行为。

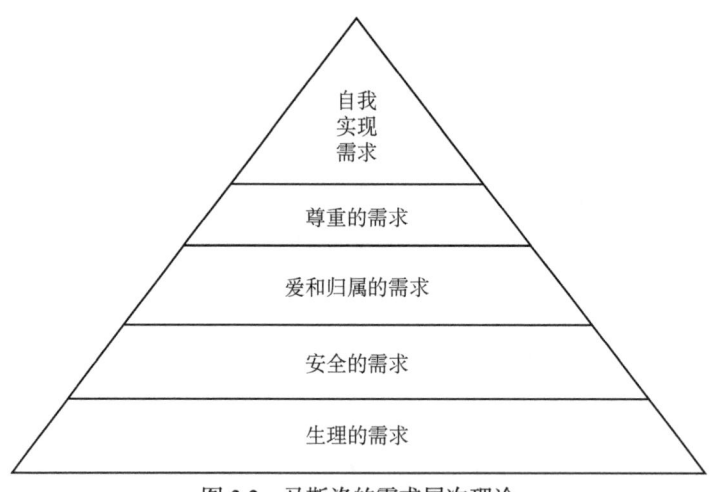

图 3.2　马斯洛的需求层次理论

3.1.4　行为科学理论

　　行为科学理论是 20 世纪 30 年代开始形成的一门研究人类行为的新学科。行为科学并不完全是一门独立的学科，而是一门集心理学、社会学、人类文化学等学科为一身的综合性学科。行为科学是针对人的行为和心理（陈佳艳，2018），研究其发展变化的规律，以此来提高个体以及群体之间的行为预测、行为引导、行为控制，根据不同的情况及时协调个人、群体、组织之间的相互关系及其与外部环境的关系，从而调动人的主动性、创造性和积极性（刘继云，孙绍荣，2005）。行为科学理论原理认为，行为的产生是有原因和规律的，其原理见图 3.3。

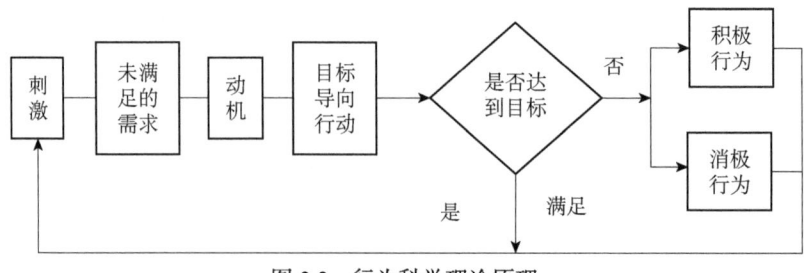

图 3.3　行为科学理论原理

从图 3.3 可以看出，未满足的需求导致了行为的产生。对于在线学习环境中的学习者来说，未满足的学习需求引发学习动机，支配学习行为，产生学习目标。行为科学理论改变了传统的思想观念和行为方式，转变了学习主体，转而以学习者为中心来对行为进行科学的研究。它综合学科资源，采用定性、定量方法分析人自身活动产生行为的因果关系，强调受教育者的主观能动性。

3.1.5　理性行为理论和计划行为理论

3.1.5.1　理性行为理论

理性行为理论（theory of reasoned action）于 1975 年由美国学者 Fishbein 和 Ajzen 提出（刘艳君，2013）。它是从信息加工角度、期望价值理论出发，来解释个体行为一般决策过程的理论（雷英，2009）。该理论认为行为意向决定行为态度，预期行为结果及结果评估反过来又会影响行为态度（段文婷，江光荣，2008）。

3.1.5.2　计划行为理论

计划行为理论（theory of planned behavior）（图 3.4）是在理性行为理论基础上演变而来的，它将理性行为理论和多属性态度理论两者结合了起来（Mathieson，1991）。

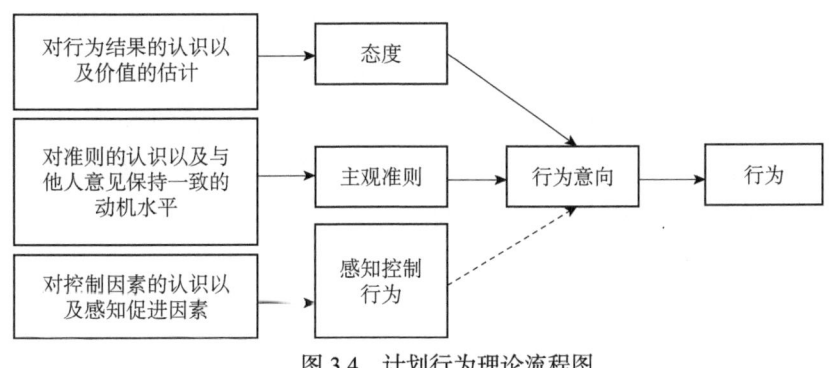

图 3.4　计划行为理论流程图

注：未加入虚线箭头所指的关系，为理性行为理论；加入虚线箭头所指的关系，为计划行为理论

计划行为理论考虑个人的实际行为发生可能会受到多种客观因素的干扰，最终影响发生的行为，这可以在很大程度上丰富理性行为理论对行为的解释。

3.1.6　个性化学习理论

邓志伟（2002）在《个性化教学论》一书中指出，个性化的教学活动应当有既定的教学目标，充分尊重学生的个性，能够在学习过程中充分发挥学生的学习自主性，充分考虑学生的兴趣、意愿与需要，并且能变通教学形式。

个性化学习的特点具体体现在三个方面：学习资源的多重性；学习价值追求的多重性；学习方式的自主性、合作性与探究性（表3.1）。

表 3.1　个性化学习的特点

特点	概述
学习资源的多重性	强调学习资源的整体性；强调学习资源的动态性与生成性；强调学习资源的网络化
学习价值追求的多重性	个性化学习是一个积累知识、提高技能、锻炼自我的过程，个人综合素质能得到提升
学习方式的自主性、合作性与探究性	有意义的自主学习；促进学生探索精神的养成和实践能力的培养；协作学习，提高学习者的团队意识和团队合作能力，使其在融入社会实践的过程中更好地发展自我

个性化学习方式是基于学习者个人价值观引导和自我建构知识相统一的学习方式。从学生的视角看，它是其个性得以张扬、智能得以激发和创新精神得以保持的有效学习方式；从师生交互的视角看，它是以学生为主体、以教师为主导的教学模式的应用，是师生互益的学习方式。个性化学习是人本主义的体现，也是发展多元智能教育的体现，其提倡的是以人为本的理论，在教学中引导教师采取探究式、合作式的教学理念（李广，姜英杰，2005）。

3.1.7　学习风格理论

人与人之间在思维和信息表征等方面存在着一定的差异。就学习而言，学习风格不同，学习者在学习过程中感知、加工信息，选择媒体类型方面也会存在差异。

3.1.7.1　学习风格的内涵

对于学习风格，长期以来没有形成一个统一的界定。西方许多学者从各自的角度阐释了学习风格的内涵。

1954 年，美国学者哈勃特·塞伦（H. Thelen）在研究学习者的个体差异时，首次提出"学习风格"的概念，虽然学习风格的定义颇多，但至今仍没有一个统一的界定（唐春燕，2018）。以下仅列举一些比较有代表性的。

Reid（2002）认为，学习风格是学习者接受、处理和储存新信息的基础和方式，这种方式是习惯性的偏好，学习者常常不自觉地就会运用。Kinsella 将学习风格界定为信息加工方式，认为学习风格是指学习者在接受信息和信息加工过程中所习惯采用的方式，这种方式具有一定的独特性和持久性（Lian et al., 2018）。《ESL/EFL 英语课堂上的学习风格》一书（Reid，2002）将学习风格概括为："学习者在学习中表现出来的一种整体性的、持久的、并具有个性化的认知方式和处理信息的方式。"

美国中学校长联合会主席 Keefe（1987）对学习风格的界定被广为接受，他从信息加工角度将学习风格界定为："学习风格由学习者特有的认知、情感和生理行为构成，它反映着学习者如何感知信息、如何与学习环境相互作用并对之做出反应。"

学习风格是学习者在学习过程中持续一贯的带有个性特征的学习方式，是学习策略和学习倾向的总和（谭顶良，1995）。学习策略是指学习者为完成学习任务或实现学习目标而采取的一系列步骤，其中某一特定步骤成为学习方法。学习倾向是学习者在学习过程中表现出的不同偏好，包括学习情绪、态度、动机、坚持性以及对学习环境、学习内容等方面的偏爱。有些学习策略和学习倾向可随学习环境、学习内容的变化而变化，而有些则表现出持续一贯性。那些持续一贯地表现出来的学习策略和学习倾向就构成了学习者通常采用的学习方式，即学习风格（陆宏，2007）。

通过研读参考资料,本书分类总结了国内外学者对学习风格的定义(表3.2)。

表3.2　学习风格定义

地区	学者	定义
国外	Dunn 等(1980)	是学生集中注意并试图掌握、记住新的或困难的知识和技能时表现出来的方式
	Kolb(Mainemelis et al., 2002)	儿童和成人思考、学习的不同方式,每个人都形成了一套自己偏爱的或稳定的学习方式、学习方法
国内	康淑敏(2003)	学习者在其心理、生理特征基础上形成的,在接受和加工信息过程中的稳定性偏好
	谭顶良(1995)	学习者在学习过程中持续一贯的带有个性特征的学习方式,是学习策略和学习倾向的总和

3.1.7.2　学习风格的特点

学习风格有以下几个方面的特点。

1)学习风格具有独特性。学习风格是独特的,它受特定的家庭、教育和社会文化的影响,是学习者在长期的学习活动中形成的带有个别差异性的特征。

2)学习风格具有稳定性。学习风格是在长期的学习过程中逐渐形成的,一经形成,即具有持久稳定性,很少会随着学习内容、学习环境的变化而变化。但是学习风格的稳定性并不代表它是不可以改变的,其仍然具有可塑性。

3)学习风格具有活动功能。学习风格是学习者惯常使用的、偏爱的学习策略和学习方式,它直接参与学习活动,使学习过程得以顺利进行。人的个性,诸如能力、气质和性格等,对学习的影响往往是间接的,而学习风格是学习者惯常使用的、偏爱的学习策略和学习方式,它直接参与学习过程,一方面使学习过程得以顺利进行,另一方面,学习风格具有鲜明的个性特征,学习过程和学习结果都会受到学习者个性的影响。

3.1.7.3　学习风格与认知风格

当代认知风格理论最早是与心理学的知觉、认知控制和认知过程、心理表象、个性概念四个领域的研究联系在一起的。在当前的研究中,认知风格被理解为个体组织和表征信息的一种偏好的、习惯化的方式,而学习风格是在认知风格的基础上发展起来的。

谭顶良（1995）在《学习风格论》一书中指出，一方面，认知风格主要是指个体加工信息的方式，但学习过程不仅仅包括信息加工过程，还包括学习者生理、心理和社会性因素，认知风格是学习风格的重要组成部分；另一方面，认知风格可表现在包括学习、生活、管理的各个领域，其应用范围要大于学习风格。Rayner（2001）认为，学习风格包含认知风格和学习策略两个方面，其中认知风格反映了个体与生俱来的思维方式，学习策略是学习者为提高学习效果而有目的地制订的学习方案。这种看法也表明了学习风格的外延大于认知风格。

总的来说，在学习领域内，认知风格是学习风格的重要组成部分，学习风格包括认知风格（图 3.5）。

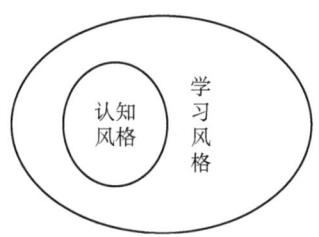

图 3.5　学习领域内认知风格与学习风格的关系

3.1.7.4　基于学习风格的学习者分类

根据学习风格的不同，Kolb 将学习者分为四种类型，即聚敛者、分散者、同化者、适应者（徐小舒等，2020）。

1）聚敛者。该风格的学习者善于挖掘理论观点的实际用途，通过不断探索来解决问题、得出结论；喜爱从事技术性的工作，而不愿做社会服务工作或人际关系方面的工作。这种类型的学习能力对从事技术行业的工作特别重要。

2）分散者。该风格的学习者最善于从各种不同的角度观察具体情境。他们对待实际情境的方法是观察而不是付诸行动，喜欢浮想联翩的工作（如采用脑力激励法时所进行的活动），可能在文化艺术方面有广泛的兴趣并喜欢收集这些信息。这种丰富的想象力和情感的敏锐性是有效地从事艺术、娱乐和服务工作所必需的。

3）同化者。该风格类型的学习者最善于以精细的、逻辑的形式理解各种不同的信息，可能并不关注琢磨人而对抽象的理论概念较感兴趣。一般来说，这种类型的人认为理论比实际更具有逻辑的合理性，较适合从事信息和数学、基础理论等科学领域的工作。

4）适应者。该风格类型的人具有依靠直接经验而学习的能力，比较善于执行计划并愿意将自己投身于新的或富有挑战性的工作中去，倾向于将内部的情感表达出来而不加逻辑分析；在解决问题时，较多地从他人那里获取信息或通过尝试错误，而不是通过自己的技术分析。这种风格类型的人较适合于从事以活动为主的行业，如市场营销等方面的工作。

Honcy 和 Mumford 继承和发展了 Kolb 的经验学习理论和学习风格分类模型，四类风格学习者的特征与偏好描述如下（徐小舒等，2020）。

1）行动者。行动者学习方式倾向于具体经验，喜欢实际地完成计划或任务，对危机处理和寻找机会有较强的能力，常以直觉和错误尝试的方式来处理问题，依赖别人提供的信息远胜自己的分析能力。

2）反思者。反思者学习方式倾向于反思观察，有较强的想象力和理解能力，倾向以想象与感觉来解决问题，擅长脑力活动与创新。

3）理论者。理论者学习方式倾向于抽象概括，具有较强的归纳推理及建立理论模式的能力，甚至创造概念和模式。

4）实用主义者。实用主义者学习方式倾向于主动实验，擅长借由假设和演绎推理的方式解决问题与制定决策，以亲自实验的方式获得知识，并将理论及想法实际运用，处理科技性的问题胜过社会性问题。

Keefe（1987）从认知、情感和生理行为来刻画学习风格。依存型、独立型、思考型、冲动型等都属于学习者的认知情感方式。视觉性、听觉型、动觉型等都属于学习者的生理感知方式。我们可以根据上述分析对学习者进行分类。以上列出的四种风格类型属于学习者的认知方式，而视觉性、听觉型、动觉型等都属于学习者的感知方式。

Gregorc（1984）将学习风格界定为对大脑左右半球中某一特定半球的偏爱，认为学习风格受先天基因、周围环境和主观因素的影响。他从具体-顺序、抽象-随机、抽象-顺序和具体-随机四个方面对学习风格进行了分类。基于此，学习者被分为四种类型：具体-顺序型、抽象-随机型、抽象-顺序型和具体-随机型。

Dunn 等（1980）认为，学习风格是学习者集中注意力记忆和掌握新的或困难的信息、知识技能时表现出来的学习方式。他们把学习风格要素分成环境、情感、社会、生理和心理 5 大类 27 个要素，并基于这些要素确定学习者类型。

3.1.7.5　Felder-Silverman 学习风格测量工具

本书后续讨论采纳的是 Felder-Silverman 提出的学习风格模型。该模型在分析各种学习风格理论和模型的前提下，将学习风格分为 4 个维度、8 种类型。4 个维度分别为信息加工、内容感知、接收信息、理解内容，8 种类型分别为活跃/沉思型、感悟/直觉型、视觉/言语型、序列/综合型（王晨煜等，2017）。该模型中的每一个维度都是在多元智能理论的基础上结合实际课堂教学发展而来的。本书采用的集成图书馆系统（integrated library system，ILS）问卷，包括 44 个题目，每个题目有两个选项。

例如：当我回想起以前做过的事时，我脑海中大多会出现_____。

A. 一幅画面　　　　B. 一句话

通过这种有两个选项的单选题目，学习者填写问卷，以此来判断其学习风格类型。表 3.3 描述了学习风格测量量表中题目的分组情况（訾白云，2012）。

表 3.3　学习风格语义词组表

风格	语义词	ILS 问题（选择 B）	风格	语义词	ILS 问题（选择 A）
沉思型	思考问题 客观导向	1、5、9、13、17、21、25、29、33、37、41	活跃型	尝试某事物 社会导向	1、5、9、13、17、21、25、29、33、37、41
直觉型	新方法 抽象材料 对细节不认真	2、6、10、14、18、22、26、30、34、38、42	感悟型	现有方法 具体材料 对细节认真	2、6、10、14、18、22、26、30、34、38、42
言语型	口语单词 书面单词 视觉风格困难	3、7、11、15、19、23、27、31、35、39、43	视觉型	图片	3、7、11、15、19、23、27、31、35、39、43
综合型	整体景象 无序进程 关系/联系	4、8、12、16、20、24、28、32、36、40、44	序列型	细节导向 顺序进程 从整体到部分	4、8、12、16、20、24、28、32、36、40、44

3.1.8　多媒体学习认知理论

学者梅耶（Mayer）根据主动加工假设、容量有限假设、双通道假设理论，提出了多媒体学习认知理论（衷克定，2011），提供了一个多媒体学习认知模型（图 3.6）。

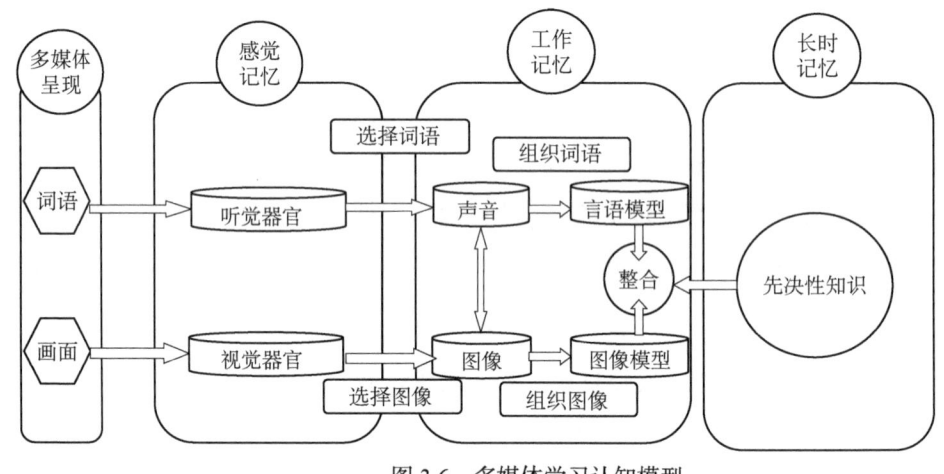

图 3.6　多媒体学习认知模型

该模型中的三大方框表示的是记忆存储，包括感觉记忆模块、工作记忆模块和长时记忆模块。多媒体为我们呈现的大多是文本型的文档、图片或者动画，通过传播通道输入我们的大脑。进入大脑后，第一站是感觉记忆，它允许一些视觉型的表象信息在感觉记忆中暂存，也允许听觉型的信息暂存。比如，听到一首曲子之后，在短暂的时间内，我们能回想起它的旋律。大脑进行选择性的记忆，将获取的视觉信息和听觉信息传入工作记忆模块。该模块会对先前的信息进行有效的分析处理，这个过程包括对左侧感觉记忆与右侧长时记忆信息的整合，以及对图画、语言的选取和组织。"整合"表示学习者在言语模型、图像模型和先决性知识之间建立外在的联系；"选择"表示学习者在大脑中对多媒体呈现出的各种信息进行选取，并进行有意识地创造，形成新的语言信息和画面；"组织"表示学习者有意识地建构其内部存在的关系，以便有效地存储成图像模型。这就是学习者主动加工进行有意义学习的完整过程。

3.2 评 价 理 论

学习评价系统是网络学习系统的一个重要组成部分，它能有效地检验学习效果、诊断学习问题、促使教学双方进行有效交互和反馈。目前，网络教育机构采取的对学习者进行学习评价的策略都体现了这一目标。但是，其评价内容比较狭窄，基本上是由在线学习时间、平时作业情况、期末考试成绩、论文等几部分组成，更偏重对学习者学习效果的总结性评价，而忽视了对学习者学习过程的评价。另外，其评价模式也与学校的普通评价模式相似，没有体现出网络环境下学习方式的特殊性和学习者的特殊性，评价标准单一，缺乏体现学习者的个性的内容。

网络学习要求学习者具有明确的学习动机和较强的自控能力，因此培养网络学习者的学习动力和自主学习能力是提高网络教育质量的关键。在网络学习环境下，对学习者自我效能感的测量和评价可以激发学习者的学习动力，帮助学习者认识自己的学习准备情况，同时也有助于学习者明确学习目标和规范、有效地评估自己的学习行为。

3.2.1 教育评价

3.2.1.1 教育评价的内涵

我们在日常生活中经常会用到"评价"这个词语，而每个人也会自觉或不自觉地参与评价活动，或成为被评价的对象。评价是在量或质的基础上进行价值判断的活动，是对客体满足主体需要程度的判断。可以说，评价是用来判断工作或人们的行为是否达标的。评价的过程就是对评价对象进行综合观察、衡量和分析。

评价被用在具体的教育教学活动中则称为教育评价（王烁等，2021）。教育活动具有内容丰富、情况复杂的特点，至今还没有一个公认的关于教育评价的定义，学者见仁见智，往往侧重某些方面。

一般来说，教育评价是指在一定教育评价观的指导下，按照一定的价值标准和教育目的，通过使用一定的技术和方法（测量和非测量）系统地收集资料信息，对实施的各种教育活动、教育过程、教育结果及各种影响因素进行价值分析和价值判断，并为教育决策提供依据的过程。简言之，教育评价以目标为依据，借助一定的技术和手段，对教育活动及其结果给予价值上的判断。

3.2.1.2　教育评价的作用

教育评价在教学过程中起着重要的作用，一般来说，主要有以下四个方面。

1）诊断作用。对学习效果进行评价，可以了解教学各方面的情况，从而判断教学的质量和水平、成效和缺陷，并分析相关原因。

2）激励作用。评价对教师的教学和学习者的学习具有监督和强化作用，在评价中可以通过制定相应的奖励和惩罚措施来对教师和学生进行激励。

3）调节作用。师生可以通过评价反馈的信息了解自己的教和学的情况，并且可以促使教师根据反馈的信息修订计划、调整教学行为，有效地达到规定的目标。

4）学习作用。评价本身也是一种学习活动。在这一活动过程中，学生的知识和技能会有一定的提升，智力和品德也会有一定的发展。

3.2.1.3　教育评价的发展

20 世纪以来，教育评价的发展经历了以下四个阶段（沈玉顺，2002）。

第一代教育评价（1900—1930 年）被称为教育评价的"测量时代"，主要标志是测量理论的形成和测量技术手段的大量应用，以追求评价结果的数量化、客观化为主要目的。

第二代教育评价（1931—1940 年）的主要特征是对评价结果进行描述。这个时期的评价对象已不再只是学生本身，而是考虑什么样的学习目标、学习模式对促进学生的学习最有效。测量仍然是教育评价的重要工具，但不再是唯一的工具了。评价者由原来的"测量技术员"变成了"描述者"。因此，第二代教育评价也被称为教育评价的"描述时代"。

第三代教育评价（1950—1960 年）被称为教育评价的"判断时代"。这一时期教育评价的特点是把前两代没有涉及的道德价值判断引进了教育评价中，并视之为教育评价的关键。评价者的任务是不仅要运用一定的测量手段搜集评价信息，还要制定判断价值的标准，运用一定的手段进行价值判断。

第四代教育评价（1989 年至今）强调评价的本质就是一种"心理建构"，是对被评事物赋予价值，对学习资源与学习过程的关注度提高。教育技术领域的评价主要是对学习过程与学习资源的评价，包括问题分析、标准参照测量、形成性评价和总结性评价。

3.2.1.4　教育评价的类型

根据评价在学习活动中发挥作用的不同，可以把学习评价分为诊断性评价、形成性评价和总结性评价三种类型（表 3.4）。

1）诊断性评价。诊断性评价是指在学习活动开始前，对评价对象的学习准备情况做出鉴定，以便采取相应的措施使学习计划顺利、有效实施而进行的测定性评价（李伟成，2011）。诊断性评价的实施时间一般在课程、学期、学年开始或学习过程中需要的时候。诊断性评价的作用主要有两个方面：一是确定学生的学习准备情况；二是将学生置于最有益的教学活动中。

2）形成性评价。形成性评价是在学习过程中，为调节和完善学习活动，保证学习目标得以实现而进行的确定学生学习成果的评价。形成性评价的主要目的是改进学习过程、调整学习方案（朱家乐，2010）。

3）总结性评价。总结性评价是以预先设定的学习目标为基准，对评价对象达成目标的程度，即学习效果做出评价。总结性评价注重考查学生对某门学科知识的整体掌握程度，概括水平较高，测验内容的范围较广，常在学期中或学期末进行，次数较少（卢健，2011）。

表 3.4　教育评价类型比较

项目	诊断性评价	形成性评价	总结性评价
目的	将学生置于最有益的教学活动中，考虑区别对待，采取补救措施	改进学习过程，调整学习方案	证明学生已达到的水平，预计后续教学中成功的可能性
作用	了解学生的准备情况和不利因素	确定学习效果	评定学业成绩
评价重点	素质、教学过程	教学过程	教学结果

续表

项目	诊断性评价	形成性评价	总结性评价
手段	前期相关成绩记录、编制的测验、观察和调查	形成性测验、作业、日常观察	考试
测试内容	必要的预备性知识，与学生学习相关的生理、心理、环境等内容	符合课题或单元目标的内容	符合课程和学习目标的内容
试题难度	较小	依学习任务而定	中等
实施时间	课程或单元、学期或学年学习的开始	单元学习结束后或期中，经常进行	课程或一项活动结束后
主要特点		前瞻式	回顾式

3.2.2 网络学习评价

目前，基于网络的远程教育在国外得到了普遍发展，很多学者逐渐开始重视网络学习评价方面的研究。Ellen（2005）对网络学习评价的发展趋势进行了分析。Huh 等（2005）对网络学习中阅读活动的评价进行了相关研究，提出对网络学习者阅读能力的评价包括学习者自身的评价、阅读细节评价以及阅读成绩评价，这几方面需要综合考虑，才能在最大程度上评价学习者的阅读能力，从而激发学习者的潜能，促进学习者的学习。

网络教育在我国也得到了蓬勃发展，网络学校和学习机构应运而生，而且不同的网络学习机构形成了一套自己的网络学习评价方法，最常见的如作业、测试和在线答疑等。这些评价方法可以衡量学习者的学习效果和学习者是否实现了教学目标，但是仍不够充分。近年来，我国关于网络学习评价的研究也逐渐增多，很多学者致力于研究网络学习整体评价方案和评价方法及具体的网络学习评价。

随着数据挖掘技术在网络中的应用，部分学者开始对 Web 日志进行个性化挖掘的研究，并在此基础上进行了实证性的规模统计分析（郭岩，2004）。这些研究的内容主要包括日志规模与用户数、Web 页面数以及单位用户访问的 Web 页面数的关系，并且发现和分析了隐藏在 Web 日志中的用户行为以及用户对 Web 的访问动机等。

随后，有研究者开始依据 Web 日志挖掘技术对网络学习行为进行分析，并建立了基于网络学习行为分析的学习评价模型，以此作为网络教学系统开发的依据。该模型不仅可以对学习者的学习成绩进行总结性评价，还可以利用网络技术和数据挖掘技术收集和分析学习者在学习过程中的行为表现，并对其进行相关评价，这种过程性的评价在一定程度上弥补了总结性评价的不足。例如，刘革平（2005）在博士论文《基于数据挖掘的远程学习评价研究》中，利用数据挖掘技术构建了一个远程学习评价系统，探讨了远程学习过程的评价。李念（2007）在其硕士论文《基于网络学习行为分析的评价模型研究》中分析了网络学习行为，并在此基础上建立了网络学习行为的二级评价体系和模型。还有一些硕博论文从评价理论、新技术的应用以及评价系统平台的开发等多个方面，对网络学习评价做了探讨和研究。这些都表明了网络学习评价在网络学习质量监督中的重要性。

通过对国内外的研究现状进行分析可以发现，当前网络学习评价中存在的主要问题如下。

1）偏重对学习者的考试成绩的评价，而忽视了对学习方法、能力及学习过程的评价。掌握知识、提高技能仅仅是远程学习的目标之一，评价不能忽视学习者的努力，以及情感态度的变化。

2）远程教育机构不重视对学习者的学习行为、表现和成果信息的收集，同时也难以搜集到学习者的具体表现和行为。在教师对学习者的信息掌握极少的情况下，以教师评价为主开展的远程学习评价容易出现评价结果不客观、不全面的情况。

3）评价信息不能及时反馈给学习者，没有充分发挥评价的监控功能。尽管网络实时交互能力很强，但是由于评价机制问题、师生的非实时交流等，评价信息只是学习结果的鉴定材料，而未能及时地反馈给学习者以帮助其调整学习。

3.2.2.1　网络学习评价的内涵

在本节中，我们主要讨论网络学习评价的含义及主要特点。

1. 网络学习评价的含义

在传统的教学中，教师通过对学生学习表现的观察和最终测试结果的分析做出相对综合的评价。在网络学习中，教师如何掌握学生的学习情况、明确学生的需求？学生如何知道自己对知识的掌握情况以便调整学习计划和学习策略？要回答这些问题，都需要借助学习评价来实现。

学习评价是指直接针对学习效果的评价，即以国家的教育教学目标为依据，运用恰当的、有效的工具和途径，对学生的学习过程和结果进行实时把握、价值判断，从而考查和提高学生的学习质量（谢新观，2001）。对学生学习的评价主要包括两个方面：一是对学习过程的评价，评价的内容包括学习态度、合作精神和积极性等。评价的方式有学生自评、互评和教师评价。二是对学习效果的评价，主要是在教学结束后对学生学习结果的评价。学习评价的目的就是给学生提供及时、准确的反馈，促进学生的学习，为教师修改教学决策和组织方式提供依据，最终提高学生的学习质量。

网络学习评价是指对进行网络远程学习的学习者的学习情况进行评价的活动或过程。它是以学生为中心来研究其学习的背景、手段、方法及取得的效果，从而寻求适合学生的学习方式或是考查学生的学习质量（李莉，2002）。网络学习评价应注重对学生学习过程的评价，评价应贯穿于学生获取知识的整个学习过程中，对最终的学习效果做出明确的判断，并为学习者学习行为和学习态度等的改进提供一定的依据，使学习者有目的地及时调整学习策略，有效控制学习进程。

2. 网络学习评价的特点

20 世纪 90 年代后期，互联网在教育中的应用越来越普遍。由于网络学习环境与传统学习环境的不同，对网络学习的评价不能像传统学习评价那样主要依靠教师的观察和学生的考试成绩，人们开始研究网络学习评价问题。网络学习评价属于教育评价的范畴，同样具备教育评价的主要特点。

总的来说，网络学习评价有以下几个方面的特点（何克抗等，2006）。

1）网络学习评价注重评价的过程性，强调通过及时反馈信息来指导、监控甚至补救网络学习与学习活动。过程性评价充分考虑了学习者在学习过程中的行为、态度与实践。

2）网络学习评价注重对教育技术的应用，强调利用教育技术实施智能学习以及对利用探索、发现、竞争、协作、角色扮演等一系列策略的学习的效果进行有效的评价；对学生在学习中的主动性、自控性、学习的效果进行评价。

3）实现了网络学习评价系统与网络学习支撑系统的无缝结合，利用网络学习支撑系统的学习活动记录功能搜集评价信息，实现对网络学习的动态评价和动态调控。

4）充分利用互联网的技术优势，缩短了评价的周期，而且评价结果也可以得到及时反馈，以便于适时合理地调整教与学，而且降低了学校管理部门对学生和教师进行评价的技术要求，降低了费用，节约了时间。

5）网络学习评价强调个性化评价，评价模型要依据不同的评价目标，对不同的评价对象采取不同类别的评价，因而需要制定适于网络学习评价的评价指标和要素，对学习和学习的过程与效果进行充分的评价，以促进网络学习。

3.2.2.2　网络学习评价的意义和功能

针对网络学习的非实时异地性和多媒体网络化的特点，开展网络学习评价有以下几方面的意义和功能。

1. 调节学习者的学习行为

评价的目的是给出价值判断，但其判断的意义在于对学习者的学习进行诊断，调节学习者的学习行为。在传统教学中，人们更关心的是以分数等级划分的学习结果而不是学习过程，网络环境下的学习评价更注重学习的过程，包括学生对知识的掌握程度和存在的问题等。网络学习评价应强调对学生学习行为的分析和诊断，改善学生的学习行为，促进学生对知识的掌握，从而避免学生因为学习结果不理想而产生挫败感和自卑感，甚至失去学习兴趣。

有时在线的评价结果也许是失真的（作弊、替考问题），但与其研究减少作弊问题，还不如减弱学习评价的结果导向，增强其过程导向。从这个意义上说，评价也就不是简单的测量工具和评定工具，而是学习支持工具的一种，即引导学习者思考和监控自己的学习过程。当前，教育改革的重要目标之一是关注学生学习，注重引导学生以符合自己的方式学习，网络学习评价恰好可以较好地做到这一点。

2. 对学习进行监控

评价作为一种外部手段能够通过某种规定、提示、约束等对学习者的学习进行监控，激发学习者的学习动机，促使学习者持续学习下去。基于对学习者学习活动的跟踪、评价、反馈、指导,既可以精确地掌握学生的学习状态,又可以通过客观和积极地反馈信息对学生的学习进行引导,在动态的学习过程中不断地提高学习质量。在对学习的动态监控中不断地提高学习质量,事实上也完成了学习监控。从这个意义上说,网络学习评价在评价的同时,也完成了对学习者的学习监控。

3. 激励和学习指导

激励和学习指导是所有学习评价的主要意义和价值所在。学习评价的最终目的在于对学习者的学习产生积极的影响,根据学习者的需要制定教学目标,根据情况的变化不断地修改和提炼评价的策略,以便学习者获得持续的进步。评价的人文性正是体现在此,即评价应不止于提供结果判定,而应能促使学生发生某种积极的改变,评价是促进性的、发展性的。后现代的评价观认为,评价应成为共同背景之中的以转变为目的的协调过程。个别化学习中的学习者需要不断调整课程学习策略,获得个别化的学习指导,这必然要用到学习评价提供的信息。

4. 测量和统计

当然,网络学习评价的意义还在于测量学生、评定学生。但是考虑到网络学习以学生为主体的特点,网络学习评价的测量结果仅对学习者本人有意义,也只有这样才能使这种测量变得真实、客观。因此,网络学习评价也有测量功能,体现在对分数的测试分析、统计上,但是这种测量不能作为最终评定学生的依据,而是作为学习反馈存在,让学习者获知自己的强项、弱项和整体水平等,这对于促使学生保持学习动机很有必要。

5. 促进学习者全面发展

网络学习评价强调学习者的自评、互评,学习者在评价过程中进行自我反思,既获得了知识,也培养了批判思维能力、人际交往能力和协作学习能力等,学习者可以获得更加全面的发展。

3.2.2.3 网络学习评价的过程和原则

1. 网络学习评价的过程

网络学习评价是一个动态的、循环往复的过程,需要学习者、教师及管理人员通过不同的学习形式和交互方式不断进行评价。网络学习评价要经历设计、实施、分析和反馈四个阶段（谢幼如，尹睿，2010）。

（1）评价设计阶段

1）指标体系的设计依据。这也是明确选择形成性评价还是总结性评价抑或是两者兼有的依据。在这一阶段，要确定评价主体，也就是解决"谁来评价"的问题，评价主体可以是学生、教师、家长、管理者等，这种多元化的组合可以对学习过程和学习活动进行全面、客观的评价。

2）分析评价内容和生成评价指标体系。网络学习评价的内容不仅包括学生、教师、学习内容和媒体四要素，还包括网络学习资源和网络学习支撑与服务系统等教育元素。评价指标体系是在有专家参与的情况下建立起来的，包括评价主体、评价对象、评价内容权重和意见反馈等。

3）选择评价信息来源和信息处理方法。评价信息来源有调查报告、测验成绩、日志记录、留言信息、电子作品等，人们结合评价需求和指标体系，再确定信息处理方法。

（2）评价实施阶段

评价的实施是评价人员根据评价方案，利用各种评价手段，在学习过程中和学习结束后统计调查信息和测验数据，进行数据挖掘，从而获得有效信息。

（3）评价分析阶段

评价分析就是使用合适的数据处理工具对收集到的数据进行初步分析和处理，鉴别数据的有效性和诊断误差，对数据进行加工处理，最终提出解决问题的策略和方法，得出评价结论，形成评价报告。

（4）评价反馈阶段

评价反馈就是评价者将在评价过程中发现的问题及学生在学习过程中存在的问题反馈给教师和学生，促使教师改进教学，促使学生改进学习。

2. 网络学习评价的原则

对网络学习的评价应体现网络学习的特点。在具体实施过程中，应遵循以下几个原则（曹梅，李艺，2002）。

（1）评价应面向学习过程

对学习者的学习过程进行评价的目的是及时了解学习者的学习状态、在学习中遇到的问题，并帮助学习者调整自己的学习行为，以达到预定的学习目标。面向过程的持续性评价是网络学习评价的基本思想。网络学习系统可以通过电子文档的形式记录、收集学习者在学习过程中的学习活动、电子作品和自我反思等信息，对学习者进行全面、客观的评价。

（2）评价方法多元化

单独使用一种评价方法难以全面地评价学习者的学习情况，也无法对学习者的学习效果进行综合性的评价。网络环境的非结构化使网络学习成为一种多维度的综合性学习，学习者不仅要掌握知识，还要对知识进行理解和应用，提升自身的思维能力、信息能力。因此，相应的学习评价应该更侧重对学习全过程的评价，特别是应对学习者的学习效果、资源利用能力进行及时、有效的评价。网络环境提供了实施多元化评价的技术，交流工具、协作工具和虚拟现实技术等的应用使评价向着多元化方向发展。

（3）量化评价和非量化评价相结合

在网络学习中，一方面，需要对学习者进行诸如考试、测验、作业等量化评价；另一方面，学习者的交互、情感、态度等网络学习行为也能够反映其学习情况，也是对其进行全面评价的重要依据，但对这些行为的评价却无法通过考试或测验等方式进行，这类评价即为非量化评价。网络学习环境中的非量化评价是对学习者的学习过程进行评价的重要方法。其方式是在定性分析的基础上将非量化信息通过某种方式量化后，对量化数据进行处理。网络学习的非量化评价是在对学习行为进行分析的基础上，使用数据挖掘方法对问卷调查获得的评价信息进行量化，并将量化后的数据与考试成绩、测验成绩结合起来，全面地评价学习者的学习情况。将量化评价与非量化评价相结合，有助于学习者知识的积累和技能的提升，也有助于学习者自身素质的提高。

（4）评价主体多元化

在网络学习中，教师与学习者的时空分离，学习者具有一定的学习自主性，学习者比其他任何人都了解自己的学习情况，因此网络学习评价的主体不应再局限于教师，而是应该向学习者转移，促使学习者进行自我评价。此外，在网络化的协作学习活动中，同伴相互之间对学习过程的观察和检验也体现了相互评价。网络环境下的学习评价应充分利用网络技术的优点，构建多元化的评价主体，在以学习者自评为主的前提下，倡导学习者之间互评，以及采用亲友评价、施教者评价、社会评价等评价方式。

3.3　评价指标体系

评价指标体系是对评价对象进行价值判断的依据，对评价活动起着重要的作用。它是由反映评价对象本质的评价指标、指标权重、评价标准等构成的一个有机体（冯天敏，张世禄，2004）。其中，评价指标是由评价目标分解出来的，反映了评价目标的一个方面，有具体性、可测量性和操作化的特点。指标权重是每个指标具有的价值大小的程度，是人们主观价值判断的凝结。评价标准是衡量评价对象达到评价指标的各项要求的尺度，根据达标程度的不同，可以将评价标准划分为不同的等级，一般以 2～4 个为宜。

3.3.1　建立评价指标体系的意义

学习评价是以学习目标为依据，根据学习者的学习过程和学习效果，对其学习活动做出的价值判断。一般来说，学习评价的目标都带有一定程度的原则性、抽象性和笼统性，也就是说，很难直接依据学习目标对学习者的学习进行价值判断。因此，可以将抽象的学习目标量化和具体化，把它分解为具体的、可测量的行为化目标，并采用相关的测量技术对学习者的达标程度进行测量和评判。

在对学习目标分解后，我们可以得到一系列具体的、可测量的子目标。这些具体的、可测量的子目标就是一个个的学习评价指标，每一个指标只是学习目标在某一方面的具体反映。将分解后的评价指标组成一个具有层级结构的有机群体，根据学习专家组的意见和分析结果为每个指标赋予合适的权重，再结合指标判定学习者的达标等级，这样就构成了一个完整的评价指标体系。指标体系的设计和建立是实现学习评价目标的重要手段，因此，构建一个合理、有效的学习评价指标体系是进行网络学习评价、智能学习评价的前提和依据（詹珊丽，2005）。

3.3.2　建立评价指标体系的原则

针对网络学习的特点，在建立评价指标体系时应注意以下原则（杨卓，2009）。

1）要根据评价目的设计评价指标。评价目的不同，评价指标也应不同。例如，对学生的网络学习进行评价时，可以从学习态度、考试成绩、学习过程等方面进行考虑；而对教师的网络学习进行评价时，则需要从学习态度、资源准备等方面加以考虑。

2）根据评价目的的侧重点确定各评价指标的权重。各评价指标的权重与评价目的的侧重点有着直接的关系，评价指标的设计和权重的分配应符合网络学习的特点。

3）具体的描述语言要具有可操作性。用来描述评价指标的语言应具体、详细，要避免使用抽象、模糊的词语。

4）评价指标要具有典型性。评价时只需选取最能反映评价对象在评价目标发展水平方面的典型行为，而不用考虑不重要的信息。编制评价指标体系时要遵循的完备性原则是指不要丢弃主要行为，而不是选取全部行为。

3.3.3　网络学习评价指标体系的比较分析

在网络学习模式中，教师将学习资料、试题等发布在网站上，学习者通过访问学习平台进行学习。教师和学习者可以自由地选择时间和地点上课和学习。网络学习模式的特殊性决定了对网络学习成效的评价不能像传统教育一样只采用总结性评价，而是应该采用形成性评价。形成性评价不是单纯地从评价者的需要出发，更注重从被评价者的需要出发，重视学习的过程，重视学生在学习中的体验，强调评价中多种因素的交互作用，重视师生交流。因此，形成性评价更适用于网络学习评价。在进行形成性评价的过程中，人们不仅要考虑考试成绩、作业等，而且应该将学生学习的积极性、与他人的交互、资源利用率等影响学习的重要因素考虑进来。

网络学习的目的是让学习者掌握一定的知识和技能，为了考查学生对知识的掌握程度，近年来很多学者对网络学习评价的指标体系进行了研究。刘力红等（2005）在《E-learning 系统中学习评价的研究》中，从学习成绩、学习态度、综合能力三方面综合考虑学习成效，提出了具体的评价指标体系（表 3.5）。

表 3.5　电子学习评价指标体系

一级指标	二级指标	含义
学习成绩	作业	平时练习、报告或论文
	平时测验	测验时间和成绩
	在线考试	在线考试的时间和成绩
学习态度	守时性	出勤时间、注册时间和作业提交时间
	自觉性	在远程模式下的自我管理、自主学习情况
	自我反思	对教师的反馈及时地进行再反馈
	参与程度	在论坛上发言的积极性
综合能力	学习能力	学习进度执行和学习任务的完成情况
	表达能力	答疑、提问、讨论问题时的表达能力
	应用能力	利用所学知识对问题提出的见解或解决方案
	创新能力	论文或设计中的新思想、新观点或新方法

李成友等（2003）在《主成分分析法在网络教学评价系统中的应用》一文中提出用主成分分析法对网络学习进行综合评价。赵蔚和姜强（2004）在《基于电子学档的网络学习评价系统设计与开发》一文中提出电子学档是记录学习过程信息的有力工具，设计并开发了基于聊天室或电子公告板进行在线讨论学习的评价体系。乜勇和赵晓声（2008）在《网络课程学习效果的监督与评价研究》一文中对如何有效实现网络课程学习过程的监督，建立完善的效果评价体系，进行了一定的调查研究，并给出了一些建议，提出对学习者的评价主要集中在交互程度、答疑情况、资源利用情况、作业和考试等几个方面。

刘葭（2009）在《远程学习评价量规的设计研究》中，将远程学习评价量规分为过程性和总结性两个独立且统一的量规。过程性评价量规包括五个一级指标，分别是交互情况、学习态度、信息素养、学习策略和目标计划，主要对学习者在学习过程中的学习态度、策略进行评价，以及监控和调节学习者的学习。总结性评价包括技能、情感和意识三个一级指标，主要用在学习结束后对学习者进行的学科知识以外的学习进行鉴定。

综上所述，评价指标体系主要分为两部分，分别是以形成性评价为主的非量化评价和以总结性评价为主的量化评价。非量化评价主要包括以下几个方面。

1）学习态度。有研究表明，学习态度和学习过程之间存在某种联系，对计算机持积极态度的学习者的学习效果明显优于对其持消极态度的学习者（转引自：刘儒德，江涛，2004）。因此，在评价学习成效的过程中，学习态度是一个重要的指标。根据网络学习的特点，可以通过记录学生登录网络学习平台的时间及次数、参加网络课程学习的时间、提问次数等来衡量。

2）学习过程。学习过程能客观地反映各环节学习者的学习情况。学习过程包括学习计划的制订、学习过程的记录、交互式学习的参与、作业及作品的完成等。

3）资源利用。资源利用是学习者利用学习平台提供的学习资源和网络上其他形式的资源支持学习，学习上传或下载资源的次数和质量等可以衡量学习者对资源的利用情况。

第 4 章

在线学习环境下学习者
学习行为分析模型

4.1 学习者学习行为分析模型的构建原则及思路

4.1.1 模型的构建原则

4.1.1.1 整体性原则

基于在线学习环境，我们通过学习行为分析目标确定、方法选择，以及分析结果呈现与应用等，来保证学习者学习行为分析模型构建的整体性。

4.1.1.2 科学性原则

学习行为分析是一个复杂的、循环往复的过程，在分析学习行为数据时，必须考虑分析模型的科学性，要能够科学地体现出学习者在学习过程中的实际学习情况、学习行为与学习效果之间的关系。

4.1.1.3 时效性原则

模型必须能解决当下现实生活中存在的问题，即模型建立的时效性问题。具有时效性的模型不仅会使学习行为更具系统性，也更符合学习者学习行为的发展规律,突出强调学习行为中存在的问题以及出现该问题的原因,提高学习者的学习效率,更好地实现知识的有效内化。

4.1.1.4 动态化原则

基于在线学习环境对学习行为进行分析是一个持续、动态的过程,构建的模型要能实时跟踪学习者学习行为的过程。

4.1.1.5 持续改进的原则

模型的构建不仅要考虑标准化、可测量及可控制等要素,还要考虑是否能随着学习平台的不断发展和学习者的不断变化持续改进。

4.1.2 模型的构建思路

笔者通过分析云南师范大学网络教学平台的学习者学习行为数据,利用学习理论、数据挖掘技术等,提出了在线学习环境下学习者学习行为分析模型。首先,采集云南师范大学网络教学平台上学习者的外显学习行为数据。其次,发放调查问卷,对部分学习者自身存在的内隐学习行为特征进行相应的分析。最后,构建在线学习行为分析模型。

4.2 学习者学习行为特征分析

根据学习条件理论,学习者的学习行为不仅仅受外部因素的影响,还受学习者自身的内部因素的影响。学习者的行为特征不仅是学习者个体之间的共性、稳定性的表现,也是学习者学习行为多样化的表现。因此,在分析具有共性且稳定的学习行为特征的同时,也要分析学习者之间的差异性。作为学习活动主体的学习者,其认知、情感等特征都会对学习行为产生影响,主要对心理、生理、学习需求、学习动机等方面产生影响(刘岩,2016)。学习者特定的知识和能力基础是指学习者具有的与将要学习的特定学科领域的知识、技能相关的知识和能力的基础情况（何克抗，林君芬，2004）。笔者在研究中选取信息获取能力、学习动机、学习态度、自我效能感四个维度对学习者自身的学习行为进行研究。

信息获取能力是指学习者在进行网络学习之前，学习者自身是否已经具备信息获取的技能，主要包括以下几个方面：初始技能，主要了解学习者的有关初始能力；预备技能，主要从学习者具有的知识储量以及相关的内容结构组织进行分析；目标技能，根据学习者在认知阶段对求知探索的好奇心，以及自身想获得的技能，以此来设立符合学习者自身学习的目标。

学习动机作为推动学习者学习最直接的内部动力，激发并能够指导学习者的学习需要（马运朋，2012）。学者 Keller 提出了 ARCS（attention、relevance、confidence、satisfaction，即注意力、关联性、自信心、满足感）模型，对学习动机进行了分析（谢幼如等，2017）。

学习态度是指学习者对学习较为持久的肯定或否定的行为倾向或内部反应的准备状态。情绪体验、认知水平和行为倾向是影响学习态度的三个主要因素（周慧杰，2017）。

自我效能感于 20 世纪 70 年代由美国心理学家班杜拉提出，是指人们对能否利用自身拥有的某项技能去完成工作，以及对自己行为的自信程度（党佳娜，魏凤，2011）。

4.3　在线学习环境下学习者学习行为特征维度划分

心理学将学习行为划分为外显学习行为和内隐学习行为。内隐学习行为是指有机体在与外界接触的过程中不知不觉地获得了一些经验，从而改变事后某些学习的行为，是不可以直接被观察到的学习行为（郭秀艳，杨治良，2002）。外显学习行为是在有意识的问题解决过程中产生的行为，是有意识的、清楚的，可以被直接观察的学习行为。

根据云南师范大学网络教学平台的特点，笔者从外显学习行为特征和内隐学习行为特征两个维度构建了在线学习行为分析模型，有针对性地对在线学习环境下的学习者的学习行为数据进行分析。

4.3.1　外显学习行为维度划分

依据彭文辉（2013）提出的 S-F-T 的在线学习行为的分类模型，笔者选取了 S 结构维度中的操作行为和问题解决行为两个维度。据此，笔者归纳出了网络教学平台上学习者的外显学习行为特征结构，对应云南师范大学网络教学平台后台对学习者学习行为的记录的各个功能模块，从操作行为维度和问题解决行为维度来对外显学习行为进行分析（表4.1）。

表 4.1　外显学习行为的维度特征

维度名称		指标	指标说明	等级划分
一级维度	二级维度			
外显学习行为维度	操作行为维度	课程视频观看完成度	学习者是否观看了教学视频	A、B、C、D、E
		课程页面访问次数	学习者登录学习平台的情况	
		课程资料阅读完成度	学习者是否完成了课程资料的阅读	
	问题解决行为维度	作业完成度	学习者是否完成了教师在平台上发布的课程作业以及作业完成度	
		章节测验完成度	学习者是否完成了章节测验以及章节测验的完成度	

4.3.1.1　操作行为维度

1. 课程视频观看完成度

根据网络教学平台上的学习者对视频课程观看的完成情况来看，完成度为 0%～100%。100%表示完成了所有课程视频的观看，0%表示从来没有观看过课程视频。笔者对平台上的视频观看的完成度取平均值，以此来推断学习者的课程视频观看完成度。

2. 课程页面访问次数

根据网络教学平台上学习者的访问情况，统计学习者参与在线学习的平台访问情况，可以通过后台的日志记录数据直接统计得知。

3. 课程资料阅读完成度

根据网络教学平台上学习者对相关资料阅读的完成度，对学习者的课程资料阅读完成的次数进行统计，阅读完成的程度以学习平台上教师布置的阅读量和学习者阅读次数与频率作为参照。

4.3.1.2 问题解决行为维度

1. 作业完成度

根据网络教学平台上学习者作业完成的程度，对平台上学习者完成作业的次数与老师布置作业次数之比进行计算。

2. 章节测验完成度

根据网络教学平台上学习者章节测验的完成度，对平台上学习者章节完成测验次数与老师布置章节测验的次数之比进行计算。根据以上的文字说明，得出外显学习行为的特征。

4.3.2 内隐学习行为维度划分

对在线学习环境下学习者学习行为的分析，是建立在对学习者的内隐学习行为特征基础之上的。笔者把内隐学习行为维度划分信息获取能力、学习态度、学习动机、自我效能感。在此基础上，笔者结合云南师范大学网络教学平台上学习者的学习行为特点，对各个维度进行详细分析。笔者将内隐学习行为维度划分为 A、B、C、D、E 五个等级，等级 A 为能力最好，等级 E 为能力最差（表 4.2）。

4.3.2.1 信息获取能力

对学习者信息获取能力的分析，主要是从学习者的初始技能、预备技能、目标技能三个方面进行调查分析，了解学习者在学习前是否具备了计算机上网能力和计算机操作能力。

4.3.2.2　学习态度

学习态度就是学习者对在线学习活动中包含的各种对象具有的一种心理倾向（邹宇洁，2018）。在研究中，笔者从学习过程中学习者的注意力、意志力、自主性和计划性四个方面进行说明。

4.3.2.3　学习动机

学习动机是一种能够直接推动学习者学习的内部动力，鞭策和指导学习者的学习需要（周效章，2013）。笔者将学习动机维度分为实用性、目的性和满意度三个方面。

4.3.2.4　自我效能感

自我效能感是指学习者对自己是否有能力完成某一课程行为进行的推测与判断。笔者将自我效能感分为反馈绩效、目标绩效、能力绩效和时间绩效四个方面。

表 4.2　内隐学习行为维度划分

一级维度	二级维度	指标	指标说明	等级划分
内隐学习行为维度	信息获取能力	初始技能	学习者在参与平台学习前是否具备简单的计算机操作能力	A、B、C、D、E
		预备技能		
		目标技能		
	学习态度	注意力	学习者在平台上学习时注意力是否集中	
		意志力	学习者在平台上学习遇到困难时，是否能坚持学完课程	
		自主性	学习者在平台上是否具备一定的自主学习能力	
		计划性	学习者在平台上是否能有计划地完成自己的课程学习	
	学习动机	实用性	学习者学到的内容是否对自己有很大的帮助	
		目的性	学习完平台上的课程以后，是否达到自己的预期目的	
		满意度	学习完平台上的课程以后，对平台的课程设置感到满意	
	自我效能感	反馈绩效	在平台上学习时，遇到问题是否都能得到及时的反馈	
		目标绩效	学习者达到自己的学习目标以后是否能继续保持	
		能力绩效	学习者对完成课程的学习是否有很强的自信心	
		时间绩效	对于相同的学习任务，是否能快速、高效地完成	

4.4 在线学习行为分析模型的构建

根据在线学习平台的特点,笔者构建了在线学习环境下学习者学习行为分析模型(图 4.1)。

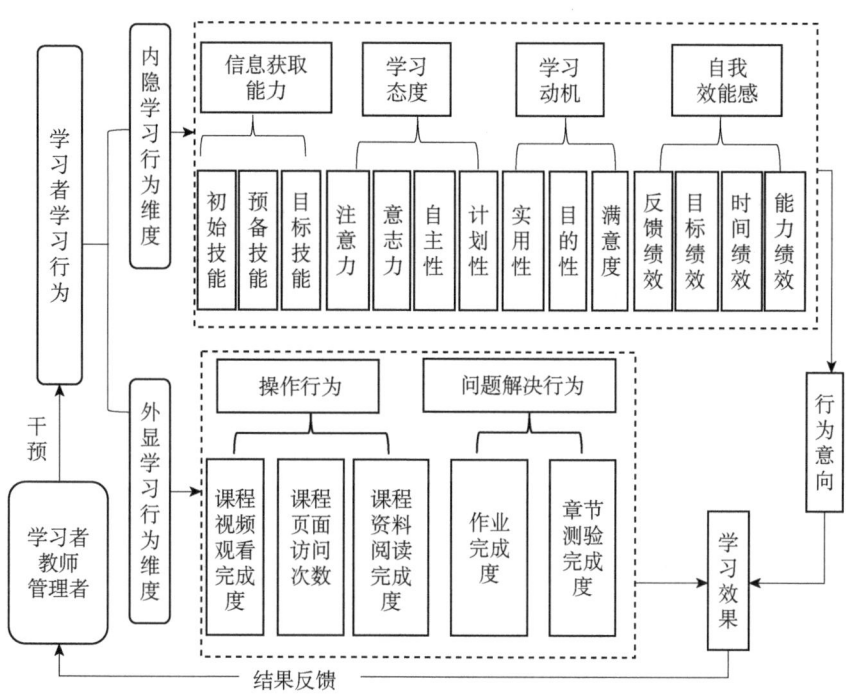

图 4.1 学习者学习行为分析模型

从图 4.1 可知,内隐学习行为维度中的每一个维度之间呈现出线性排列的规律,外显学习行为维度中的每一个维度之间呈现的也是线性排列规律。但是两大维度之间是非线性排列的,行为意向作为内隐学习行为和学习效果之间的中介,与外显学习行为共同作用后构成了学习者最终的学习成果。最终的学习表现可以体现学习者学习行为的好与坏,并把最终的结果反馈给学习者、教师、管理者等学习行为分析的利益相关者,整个模型是在不断循环往复的条件下进行的。

　　该模型是以云南师范大学网络教学平台上学习者的学习行为特征为基础构建的，针对性较强，对学习者的学习行为分析的侧重点也有所区别。当然，该模型也存在一定的局限性，只能为其他网络教学平台的学习行为分析模型的构建提供参考，具体使用时要根据学习行为数据的真实情况进行分析，以便合理使用。

第 5 章

学习行为维度的数据挖掘及相关分析

5.1 Weka软件介绍及数据挖掘流程

5.1.1 Weka 软件介绍

Weka 是新西兰怀卡托大学的研究者基于 Java 开发的一款开源数据挖掘软件，该软件经历了 20 多年的发展，其功能已相当强大和成熟，是目前比较完备的数据挖掘工具之一。作为一个大众化的数据挖掘工作平台，Weka 旨在为研究者和初学者提供常见的机器学习算法和数据预处理工具，用户可以简单快速地在工作面板上对数据集进行新的算法测试。

该软件不仅包括回归、分类、聚类、关联规则等算法，还能实现数据分析结果的可视化操作，用户可以从官方网站上下载最近更新的算法包，也可以根据自己设计的算法进行改进，改变数据分析的相关操作，涵盖了统计学、机器学习、云计算、并行计算等。

本书研究所用的版本是 Weka-3-8-3jre-x64，安装环境是 Windows 7 的 64 位系统。图 5.1 是 Weka 的界面，软件界面清晰明了，有 Explorer（探索环境）、Experimenter（算法试验环境）、KnowledgeFlow（知识流）、Workbench（工作台）、Simple CLI（简单命令行）几大主要的图形用户接口。Explorer 用户接口涵盖数据输入、数据处理和数据输出的全部工具，在很大程度上方便了用户处理数据集。

Experimenter 用户接口可突破空间的限制，搭建计算云平台，实现多台计算机的并行化计算。KnowledgeFlow 面板上可以自由搭建需要的组件，评估多种算法的处理结果。Workbench 包含了其他应用的组合，可供用户选择使用，它为其他界面提供了统一的操作接口。Simple CLI 可以输入指令执行某一项特定的功能（鲍小鲁，2018）。本书研究主要用到的图形用户接口是 Explorer。

图 5.1　Weka 界面

Weka 中的 Explorer 界面有六大标签功能（图 5.2），具体如下：①Preprocess（预处理）功能，选择数据集合，并以不同方式对数据进行处理；②Classify（分类）功能，用于数据的分类或回归，并对其进行分析和评估；③Cluster（聚类）功能，对所选取的数据制订聚类方案；④Associate（关联）功能，可以从学习行为数据中找到相应的关联规则；⑤Select attributes（选择属性）功能，根据学习行为数据相应的属性，设置并选择与该属性紧密联系的数据；⑥Visualize（可视化）功能，可以查看不同的二维数据散点图像，并实现互动，使可视化效果达到最佳（袁梅宇，2014）。

Weka 数据挖掘只能读取软件自带的文件，即后缀名为.arff、.csv 和.data 格式的文件，研究中的原始数据均为 Excel 文件。为减小研究中数据存在的误差，笔者利用.csv 这一格式作为中介，将所需进行聚类分析的全部外显学习行为数据格式转换为.arff 的后缀格式，然后通过分析软件进行聚类分析，最终得出结果。

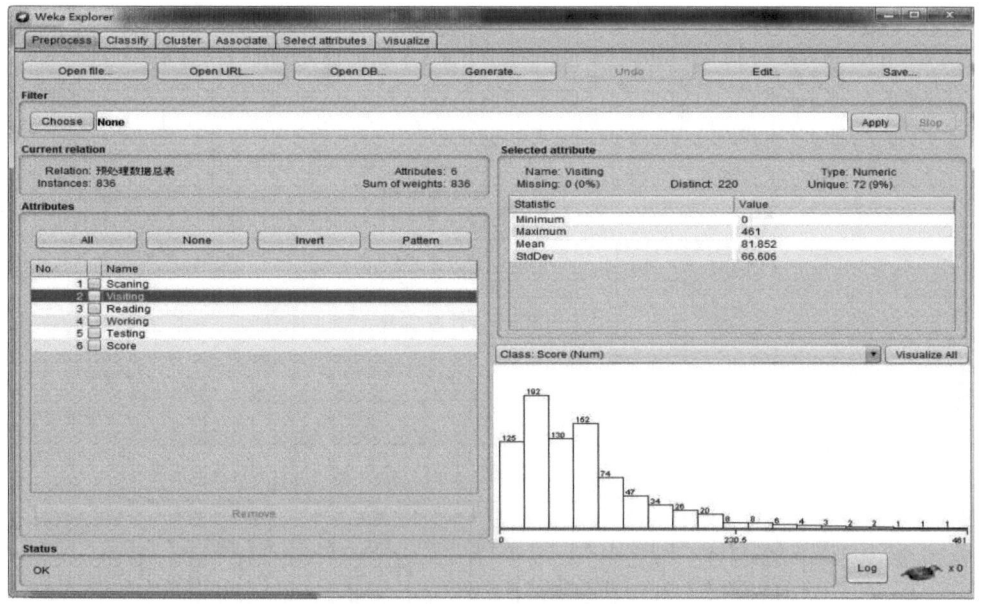

图 5.2　Weka 的 Explorer 界面

5.1.2　学习行为分析数据挖掘流程

基于上一章的学习行为分析模型，为了对学习平台上学习者的外显学习行为以及影响学习者自身学习的内隐学习行为进行分析，笔者设计了学习者学习行为的数据挖掘流程（图 5.3）。

笔者在研究中通过数据结构挖掘的方法对平台中学习者的学习行为数据进行分析，主要通过三个步骤来实现。

1）通过网络教学平台的后台采集学习者的学习行为数据，用聚类的方法找出学习者学习行为的共性；通过数据的可视化分析，从已经存在的事实来详细分析学习者的学习行为特点。

2）通过发放和收集问卷，了解网络教学平台中的学习者的内隐学习行为特征，包括在线学习者的信息获取能力、学习动机、学习态度以及学习者的自我效能感。

3）对学习者的内隐学习行为和外显学习行为进行相关分析，从而找出影响学习行为的相关因素，并把分析结果通过可视化的方法呈现出来。

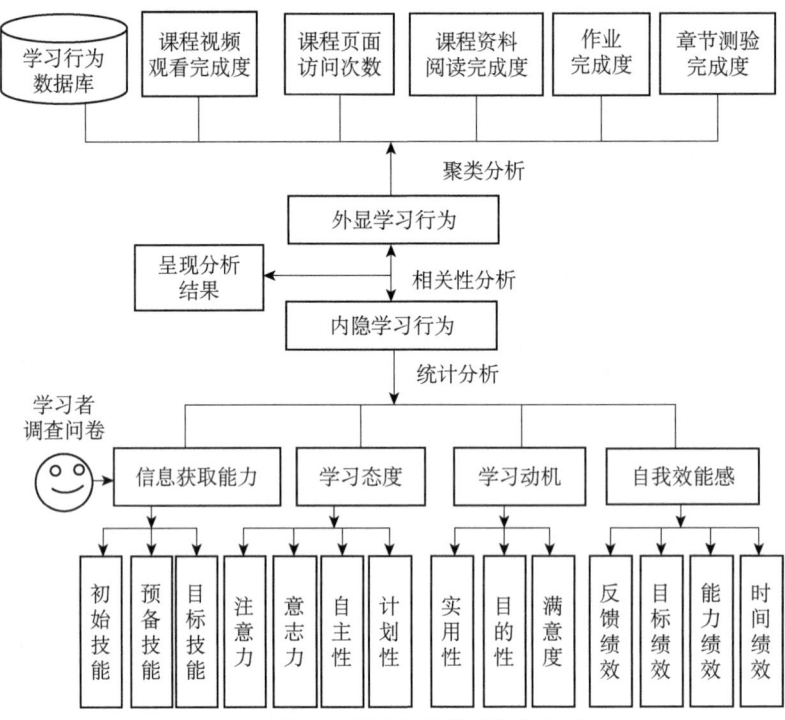

图 5.3　学习者学习行为数据挖掘流程

5.2　数　据　采　集

　　笔者选用云南师范大学网络教学平台上的学习行为,此平台使用时间较长,每学期均开设课程 100 多门,每学期学习人数超过 1 万人,年访问量达到 8 亿多次。在本次研究中,笔者将采用随机抽样的方法对网络教学平台上的学习者进行问卷调查,抽取的部分课程名称和人数信息如表 5.1 所示。

表 5.1　抽取部分课程名称和人数信息

序号	课程名称	总人数/人	抽取人数/人	比例/%
1	社会心理学	207	30	14.5
2	中国古典小说巅峰:四大名著鉴赏	164	30	18.3

续表

序号	课程名称	总人数/人	抽取人数/人	比例/%
3	口才艺术与社交礼仪	207	30	14.5
4	《诗经》导读	180	30	16.7
5	大学生心理健康教育	152	30	19.7
6	女子礼仪	205	30	14.6
7	舌尖上的植物学	117	30	25.6
8	公共日语	150	30	20.0
9	星海求知：天文学的奥秘	140	30	21.4
10	音乐鉴赏	162	30	18.5

5.2.1　外显学习行为维度数据采集

目前，对于学习平台学习行为数据的采集，主要是通过计算机技术实现对学习行为的跟踪记录，如日志访问、基于 Web 服务器等方法（黎孟雄，2007）。笔者在本次研究中利用现有的网络教学平台的后台数据库中记录的学习者学习行为数据进行研究。

本次研究从云南师范大学 2018 年上半学期开设的 160 门课程中随机抽选 10 门课程的数据进行分析。根据云南师范大学网络教学平台的实际情况，采用学期归档的方法，每一个学期结束后，对这个学期的课程数据进行归档处理。2018 年上半年，大部分课程开课时间是 2018 年 3 月 5 日，课程考试结束时间是 2018 年 7 月 16 日，笔者采集了这个时间段参与在线课程学习的一部分学习者的学习行为数据进行研究。

为了采集网络教学平台上的学习行为数据，对学习行为进行挖掘时，主要从网络教学平台的后台功能模块（图 5.4）中的课程统计、学习统计、访问量统计三个功能模块统计学习者的学习行为数据，并将三个模块与外显学习行为的操作行为维度和问题解决行为维度相对应。

系统统计

- 课程统计
- 教学统计
- 学习统计
- 访问量统计
- 选课统计
- 大数据分析
- 答疑分析

图 5.4　网络教学平台后台功能模块

在进行主要的数据分析之前，笔者对数据进行整理，对采集到的数据做预处理，以解决格式混乱、形式不统一、部分数据缺失等问题。

笔者使用的学习平台中，通过后台接口下载的数据日志均为 Excel 表格形式。表格中，数据量庞大，其中包含对本次研究无用的信息，如课程号、学院、专业、班级、身份证号、手机号等，需要对分散的数据进行统计整理（图 5.5）。考虑到学习行为数据涉及学习者个人的隐私问题，对于学习行为数据中的一部分学习者的学号，使用*号代替。

1	序号	学号	课程视频观看完成度	课程页面访问次数	阅读次数	作业完成度	章节测验完成度	综合成绩
7	1	14********224	100.00%	105	1	100.00%	100.00%	95.10
8	2	15********135	96.20%	192	1	98.11%	100.00%	87.44
9	3	15*********74	100.00%	31	1	100.00%	100.00%	98.33
10	4	15*********55	100.00%	84	1	100.00%	100.00%	98.95
11	5	15*********14	100.00%	325	1	100.00%	100.00%	99.05
12	6	15*********32	100.00%	59	1	55.97%	11.39%	81.64
13	7	16********387	62.03%	124	0	61.64%	62.03%	35.53
14	8	16********189	100.00%	33	1	100.00%	100.00%	83.77
15	9	16********246	100.00%	24	1	100.00%	100.00%	98.14
16	10	16**********4	100.00%	22	1	100.00%	100.00%	96.39
17	11	16**********8	100.00%	29	1	100.00%	100.00%	87.52
18	12	16*********19	100.00%	34	1	100.00%	100.00%	95.94
19	13	16*********24	100.00%	30	1	100.00%	100.00%	98.35
20	14	16*********79	78.48%	36	0	40.25%	2.53%	36.83
21	15	16********159	100.00%	0	1	100.00%	100.00%	96.63
22	16	16********170	100.00%	19	1	100.00%	100.00%	96.04
23	17	16********174	100.00%	50	1	100.00%	100.00%	97.05
24	18	16********177	100.00%	34	1	100.00%	100.00%	93.96
25	19	16********243	100.00%	120	1	100.00%	100.00%	99.43
26	20	16********159	100.00%	28	1	100.00%	100.00%	98.79
27	21	16********271	100.00%	89	1	100.00%	100.00%	98.16
28	22	16********273	100.00%	184	1	100.00%	100.00%	98.12
29	23	16********280	98.73%	175	1	98.74%	98.73%	95.40

图 5.5　数据采集部分展示（截图）

在学习平台后台的记录中，学习者的学习行为数据分布散乱，要对导出的后台数据进行整理分析，才能得出研究所需数据。视频观看的原始数据是以视频的时间长度为单位的。笔者在研究时，考虑到不同课程的视频的时间长度不一致的问题，为了方便数据的统计，采用学习者浏览完成的视频数量与课程要求的总视频数量的比来进行分析。在数据预处理部分，视频浏览进度为 100% 的表示学习者已经全部完成该课程的视频学习。同理，作业完成度表示学习者完成作业的次数占该课程任课教师所要求的作业次数的比例；章节测验完成度表示学习者完成测验的次数占该课程总的测验次数的比例；课程资料阅读完成度是已经阅读完的次数占需要阅读的总次数的比例。根据平台的日志跟踪记录得到的只有课程页面访问次数。

5.2.2　内隐学习行为维度数据采集

在学习平台上对学习者学习行为数据进行收集的同时，笔者也通过问卷对学习者的内隐学习行为特征展开了调查，进行了数据的采集。问卷的设计采用利克特量表的结构类型，因为它是社会科学研究中最常用、最直观的量表结构类型（张红霞，2009）。

本节设计的调查问卷由三个部分构成。一是基本信息。基本信息包括学习者的性别、年级、专业、使用时间等，为了保证采集数据的一致性，在问题中加入了学习平台账号的填写。二是内隐学习行为维度信息。它主要是对学习者的内隐学习行为维度进行调查分析。三是平台信息。学习者对平台自身存在问题的反馈以及对平台满意度的反映。

内隐学习行为方面的信息获取能力主要是了解学习者的初始技能、预备技能、目标技能，在参与平台学习前是否具备基本的计算机操作能力。对于学习态度维度，从学习者在平台上学习时注意力是否集中、遇到困难是否还能坚持学完课程、是否具备一定的自主学习能力、是否能有计划地完成自己的课程学习等方面进行说明。对于学习动机维度，从实用性、目的性、满意度三个方面进行调查分析。对于自我效能感维度，主要从反馈绩效、目标绩效、能力绩效和时间绩效等方面进行分析。

下面给出了问卷设计与网络学习平台上学习者学习行为的对应关系（表 5.2）。

表 5.2　问卷设计与网络学习平台上学习者学习行为的对应关系

一级维度	二级维度	三级维度	问卷题号
态度行为维度	信息获取能力	初始技能	6
		预备技能	7
		目标技能	8
	学习态度	注意力	9、23
		意志力	10
		自主性	11、12、24
		计划性	13、14、25
主观推测行为维度	学习动机	实用性	15、26
		目的性	16、27
		满意度	17、28
	自我效能感	反馈绩效	18
		目标绩效	19、20、29
		能力绩效	21
		时间绩效	22

注：1~5 题为被试个人信息填写，未在表中列出

5.3　数 据 分 析

5.3.1　数据的预处理

数据的预处理就是对要进行分析的学习者的学习行为数据，根据分析过程的需要进行必要的修改（薛瑞璇，2016）。笔者对采集到的数据进行了预处理，删除姓名和学号等无关数据，然后对简化后的数据进行分析，并且给出了采集的学习行为数据信息与 Weka 数据挖掘软件中学习行为分析属性的对应关系（表 5.3）。

表 5.3　采集的学习行为数据信息与 Weka 数据挖掘软件中学习行为分析属性对照表

数据名称	姓名	学号	课程视频观看完成度	课程页面访问次数	课程资料阅读完成度	作业完成度	章节测验完成度
属性名称	Name	StuID	Scanning	Visiting	Reading	Working	Testing

在数据预处理过程中，要删除 Name 和 StuID 两个无效属性，如图 5.6 所示。

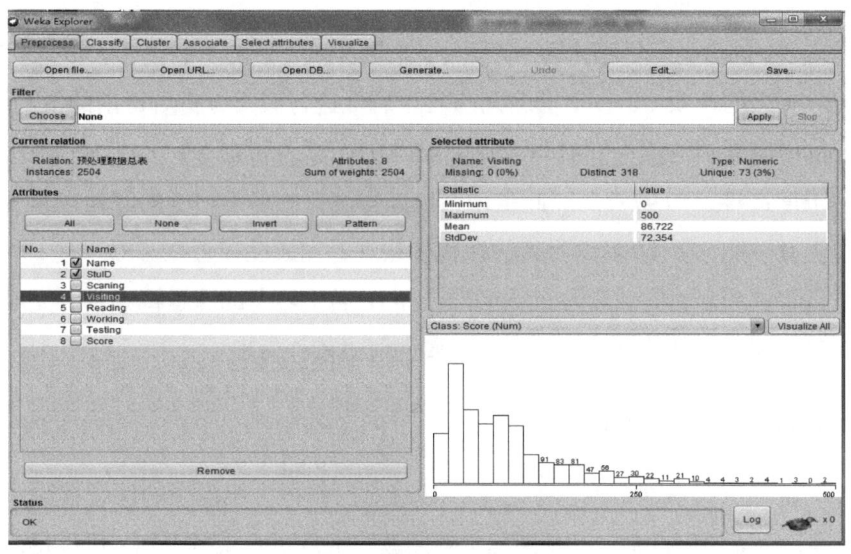

图 5.6　数据预处理界面

5.3.2　外显学习行为维度数据分析

5.3.2.1　数据挖掘聚类分析

把外显学习行为维度的各种属性（如 Scanning、Visiting、Reading、Working、Testing）的值一次性全部导入数据挖掘软件 Weka 中，分别选中每一个维度的数据进行 K-Means 聚类分析（表 5.4）。numClusters 表示设置类项的值为 5，经过数据分析后得出数据迭代的次数为 12，数据分析误差值为 7.022 823 536 922 297。Weka 数据挖掘软件中的聚类分析用误差值来检验结果的准确性，其差值越大，则分析结果也就越远离实际值；反之，则接近实际值。

表 5.4   外显维度聚类各簇中心结果分析表

特征属性 （Attribute）	全数据（Full Data） （283.0）	0 （93.0）	1 （6.0）	2 （14.0）	3 （154.0）	4 （16.0）
Scanning	0.7407	0.9778	0.9892	0.7783	0.9982	0.9981
Visiting	90.4346	130.957	89.8333	49.5	46.6104	312.75
Reading	0.9505	0.889	0.05	0.11	1	0.995
Working	0.9699	0.9924	0.49	0.6764	0.9986	0.9994
Testing	0.962	0.9955	0.1917	0.6186	0.999	1

注：0~4 表示对全数据进行聚类后得到的 5 个簇类

从表 5.4 的聚类分析结果可以看出，5 个属性聚类后的中心值用 Full Data 的数值表示，剩余的各项（0~4）分别对应各个属性进行聚类分析后得出的值。例如，Scanning 中第 0 项的值为 0.9778，聚类数为 93，这表明有 93 名学习者课程视频观看完成度最接近 0.9778。以此推理，可以得出有 6 名学习者的课程视频观看完成度接近 0.9892，有 14 名学习者的课程视频观看完成度接近 0.7783，有 154 名学习者的课程视频观看完成度接近 0.9982，有 16 名学习者的课程视频观看完成度接近 0.9981。同理，其他外显学习行为的属性值也依此得出。

5.3.2.2   操作行为维度

在云南师范大学网络教学平台上，通过对操作行为维度中的课程视频观看完成度、课程页面访问次数，以及课程资料阅读完成度进行聚类分析，可以得出如下结论：课程视频观看完成度的平均值为 97.8%，部分学习者的课程视频观看完成度达到了 100%；课程页面访问次数的平均值接近 90 次，最多的高达 461 次；课程资料阅读完成度的平均值达到了 95.1%。

由此可见，在操作行为维度方面，学习者在网络教学平台上的课程视频观看完成度很高，课程页面访问次数的均值和最大值差距较大，还有较大的提升空间，课程资料阅读完成情况比较理想。

5.3.2.3   问题解决行为维度

在云南师范大学网络教学平台上，通过对问题解决行为维度中的作业完成度和章节测验完成度进行聚类分析，可以得出如下结论：从分析结构中可以看出，作业完成度的平均值 97%，主要集中在 90% 左右，占总人数的比例为 91%；章节测验完成度多数集中在 91.8%～100%, 占总人数的比例为 92.6%。

由此可见, 在问题解决行为维度, 学习者在网络教学平台上的作业完成度呈现一个良好的态势, 但是也有一部分学习者的作业完成度较低。

上述聚类分析结果表明, 在云南师范大学网络教学平台上, 学习者的课程任务完成情况较好, 大部分学习者的学习行为达到了要求, 还有少部分学习者的学习行为并没有达到要求, 对于这一部分学习者, 则要对其学习行为进行适当的干预, 使其不良学习行为得到更好的纠正。

5.3.3 内隐学习行为维度数据分析

本次研究对从学习 10 门课程的所有学习者中随机抽选出的 300 名学习者进行问卷调查。共发放问卷 300 份, 回收 300 份, 通过网络教学平台上学习者的对应账号, 剔除在网络教学平台上登录 0 次的学习者、学习课程数为 0 的学习者以及用户账号填写无效的学习者, 剔除无效问卷, 回收的有效问卷为 283 份, 问卷的有效回收率为 94.3%。

5.3.3.1 问卷的信度分析

本次研究选用 Cronbach's α 系数来检测问卷的信度。通过分析, 调查问卷的信度系数为 0.936, 信度较高。

5.3.3.2 问卷的效度分析

本次研究运用因子分析法中的巴特利特球形检验值的大小来检测调查问卷的有效性（表 5.5）。巴特利特球形检验的 p 为 0, 小于 0.05, 因此笔者设计的问卷的各变量间相关性较好, 问卷的效度符合要求。

表 5.5 KMO 与巴特利特球形检验

取样足够的 KMO 的度量		
巴特利特球形检验	近似 χ^2	2983.517
	df	153
	p	0

5.3.3.3　问卷调查基本信息统计分析

笔者通过问卷对学习者的基本信息进行了统计，如表5.6所示。

表5.6　学习者基本信息统计

项目		人数/人	比例/%
性别	男	87	30.74
	女	196	69.26
年级	本科一年级	32	11.31
	本科二年级	203	71.73
	本科三年级	32	11.31
	本科四年级	16	5.65
专业	文科	120	42.40
	理科	163	57.60
使用时间	1年以下	17	6.01
	1~2年	226	79.86
	2.1~3年	24	8.48
	3.1~4年	16	5.65
	没有使用过	0	0

注：因四舍五入，个别数据之和不等于100，下同

从表5.6可以看出，在填写调查问卷的学习者中，女生较多，大二的学习者比例最高，其他年级的人数比例较低；从专业类别上看，调查对象中文科的学习者相对较少，理科的学习者相对较多；从使用时间上看，使用网络教学平台1~2年的学习者较多。

5.3.3.4　信息获取能力和学习态度统计分析

笔者根据问卷调查信息，对学习者的信息获取能力、学习态度两个维度进行了统计分析（表5.7）。

表 5.7　信息获取能力和学习态度维度统计分析

调查内容			很强	较强	一般	较弱	没有
信息获取能力	初始技能	人数/人	54	62	98	42	27
		占比/%	19.1	22.0	34.6	14.8	9.5
	预备技能	人数/人	22	89	114	37	21
		占比/%	7.8	31.4	40.3	13.1	7.4
	目标技能	人数/人	50	90	109	20	14
		占比/%	17.7	31.8	38.5	7.1	4.9
学习态度	注意力	人数/人	46	97	84	40	16
		占比/%	16.3	34.3	29.7	14.1	5.7
	意志力	人数/人	58	60	99	40	26
		占比/%	20.5	21.2	35.0	14.1	9.2
	自主性	人数/人	70	89	99	15	10
		占比/%	24.7	31.4	35.0	5.3	3.5
	计划性	人数/人	60	80	84	44	15
		占比/%	21.2	28.3	29.7	15.5	5.3

5.3.3.5　学习动机和自我效能感维度统计分析

从学习动机和自我效能感维度统计分析可以看出,大学生的学习动机较强,有很强的求知欲(表 5.8)。

从整体上来看,学习动机受到课程的实用性、目的性、满意度等的影响。但也有少部分的学习者学习动机缺乏,还需进一步加强。在学习者的自我效能感方面,从表5.8可以看出,学习者使用网络教学平台后,网络教学平台的反馈是否有效、是否及时,学习者是否达到自己的目标绩效,能力绩效是否有所提高,以及时间绩效等,都是影响学习者在网络教学平台上进行学习的重要因素。

表5.8 学习动机和自我效能感维度统计分析

<table>
<tr><td colspan="2" rowspan="12"></td><td></td><td></td><td></td><td></td><td></td><td></td></tr>
<tr><td rowspan="8" style="writing-mode:vertical-rl">学习动机</td><td rowspan="3">实用性</td><td>调查内容</td><td>课程的实用性很强</td><td>课程的实用性较强</td><td>课程的实用性一般</td><td>课程的实用性较小</td><td>课程没有实用性</td></tr>
</table>

		调查内容	课程的实用性很强	课程的实用性较强	课程的实用性一般	课程的实用性较小	课程没有实用性
学习动机	实用性	人数/人	59	87	92	30	15
		占比/%	20.9	30.7	32.5	10.6	5.3
	目的性	调查内容	目的性很强	目的性较强	目的性一般	目的性较弱	没有目的性
		人数/人	60	89	95	25	14
		占比/%	21.2	31.4	33.6	8.8	4.9
	满意度	调查内容	很满意课程设置	比较满意课程设置	课程设置一般	较不满意课程设置	非常不满意课程设置
		人数/人	59	89	90	28	17
		占比/%	20.8	31.4	31.8	9.9	6.0
自我效能感	反馈绩效	调查内容	反馈很及时	反馈较及时	反馈一般	反馈较慢	没有反馈
		人数/人	57	89	98	20	19
		占比/%	20.1	31.4	34.6	7.1	6.7
	目标绩效	调查内容	非常愿意使用平台继续学习	比较愿意使用平台继续学习	愿意使用平台继续学习	不太愿意使用平台继续学习	非常不愿意使用平台继续学习
		人数/人	59	90	89	27	18
		占比/%	20.8	31.8	31.4	9.5	6.4
	能力绩效	调查内容	完成任务很有信心	完成任务较有信心	完成任务信心一般	完成任务信心较弱	完成任务没有信心
		人数/人	62	81	91	39	10
		占比/%	21.9	28.6	32.2	13.8	3.5
	时间绩效	调查内容	完成任务效率高	完成任务效率较高	完成任务效率一般	完成任务效率不高	完成任务没有效率
		人数/人	61	88	93	27	14
		占比/%	21.6	31.1	33.9	9.5	4.9

5.3.4　内隐学习行为维度和外显学习行为维度的相关分析

在对收集到的内隐学习行为数据经过 Excel 的初步统计处理后，笔者对学习者的外显学习行为维度和内隐学习行为维度进行了相关分析。在第四章中，我们对学习者外显学习行为维度进行了分析。笔者根据研究需要选择皮尔逊相关系数来分析外显学习行为各维度间的相关性。

5.3.4.1　外显学习行为维度各变量之间的相关分析

本次研究采用皮尔逊相关系数来表示外显学习行为维度各变量之间的相关性。从外显学习行为维度各个变量之间的相关系数的取值（表 5.9），我们可以看出，各个变量之间的取值都大于 0.01，说明外显学习行为维度的各变量之间是有一定的相关性的，这为后期进行不同维度之间的相关分析提供了参考依据。

表 5.9　外显学习行为维度各变量的相关系数

变量	Scanning	Visiting	Reading	Working	Testing
Scanning	1	0.054	0.618**	0.806**	0.570**
Visiting	0.054	1	0.127*	0.067*	0.061*
Reading	0.618**	0.127*	1	0.608**	0.494**
Working	0.806**	0.067*	0.608**	1	0.946**
Testing	0.570**	0.061*	0.494**	0.946**	1

注：***表示 $p<0.001$，**表示 $p<0.01$，*表示 $p<0.05$。下同

5.3.4.2　外显学习行为维度与内隐学习行为维度的相关分析

根据两个维度之间存在的非线性关系，笔者选择斯皮尔曼简单相关系数来分别探讨外显学习行为与内隐学习行为的相关性，从而找出影响学习者学习行为的因素。对外显学习行为与内隐学习行为的相关分析具体如下。

1. 信息获取能力与外显学习行为的相关分析

表 5.10 中的 6、7、8 分别表示初始技能、预备技能、目标技能。从表 5.10 可以看出，初始技能与课程视频观看完成度、课程资料阅读完成度、作业完成度、章节测验完成度呈负相关；预备技能与课程视频观看完成度、课程资料阅

读完成度、作业完成度、章节测验完成度呈正相关；目标技能与课程视频观看完成度、作业完成度、章节测验完成度呈负相关。

表 5.10   信息获取能力与外显学习行为的相关系数

变量	Scanning	Visiting	Reading	Working	Testing	6	7	8
Scanning	1							
Visiting	0.040	1						
Reading	0.670**	0.145*	1					
Working	0.898**	0.012	0.609**	1				
Testing	0.718**	0.450	0.683**	0.876**	1			
6	−0.740	0.240	−0.035	−0.103	−0.740	1		
7	0.270	−0.099	0.040	0.052	0.140	0.253**	1	
8	−0.170	0.310	0.228	−0.710	−0.320	0.550**	0.211**	1

2. 学习态度与外显学习行为的相关分析

表 5.11 中的 9、10、11、12 分别表示注意力、意志力、自主性、计划性。从表 5.11 中的相关数据可以看出，注意力与章节测验完成度呈正相关；意志力与课程页面访问次数呈正相关；自主性与课程页面访问次数呈正相关；计划性与课程页面访问次数呈正相关。

表 5.11   学习态度与外显学习行为的相关系数

变量	Scanning	Visiting	Reading	Working	Testing	9	10	11	12
Scanning	1								
Visiting	0.040	1							
Reading	0.670**	0.145*	1						
Working	0.898**	0.012	0.609**	1					
Testing	0.718**	0.045	0.683**	0.876**	1				
9	0	−0.280	0.082	−0.001	0.580	1			
10	−0.400	0.540	−0.500	−0.087	−0.450	0.271**	1		
11	−0.146*	0.129*	−0.530	−0.159**	−0.890	0.251**	0.595**	1	
12	−0.031	0.890	0.120	−0.033	0.140	0.144*	0.529**	0.639**	1

3. 学习动机与外显学习行为的相关分析

表 5.12 中的 13、14、15 分别表示实用性、目的性、满意度。从中可以清晰地看出，实用性与课程视频观看完成度呈正相关；目的性与课程视频观看完成度和作业完成度呈负相关；满意度与课程页面访问次数呈正相关。

表 5.12 学习动机与外显学习行为的相关系数

变量	Scanning	Visiting	Reading	Working	Testing	13	14	15
Scanning	1							
Visiting	0.040	1						
Reading	0.670**	0.145*	1					
Working	0.898**	0.012	0.609**	1				
Testing	0.718**	0.045	0.683**	0.876**	1			
13	0.118	0.120	0.090	−0.012	−0.021	1		
14	−0.100	0.180	0.080	−0.621	0.540	0.738**	1	
15	−0.360	0.490	−0.700	−0.820	−0.430	0.538**	0.536**	1

4. 自我效能感与外显学习行为之间的相关分析

表 5.13 中的 16 表示反馈绩效，17 表示目标绩效，18 表示能力绩效，19 表示时间绩效。从表 5.13 的数据可以看出变量之间的相关值。反馈绩效与课程页面访问次数、课程资料阅读完成度呈正相关；目标绩效与课程页面访问次数、课程资料阅读完成度、作业完成度呈正相关；能力绩效与课程页面访问次数、课程资料阅读完成度、章节测验完成度呈正相关；时间绩效与课程资料阅读完成度呈负相关。

表 5.13 自我效能感与外显学习行为的相关系数

变量	Scanning	Visiting	Reading	Working	Testing	16	17	18	19
Scanning	1								
Visiting	0.040	1							
Reading	0.670**	0.145*	1						
Working	0.898**	0.012	0.609**	1					
Testing	0.718**	0.045	0.683**	0.876**	1				

续表

变量	Scanning	Visiting	Reading	Working	Testing	16	17	18	19
16	−0.560	0.105	0.010	−0.950	−0.450	1			
17	−0.100	0.650	0.490	0.520	−0.412	0.614**	1		
18	0.080	0.109	0.170	−0.300	0.475	0.741**	0.579**	1	
19	−0.780	0.420	−0.470	0.860	0.041	0.535**	0.565**	0.384**	1

第 6 章

在线学习行为与学习成绩的相关分析

为了确定评价指标的权重和设计评价数据模型，笔者采用双变量相关分析的统计方法，通过皮尔逊相关分析，分别将外显学习行为和内隐学习行为的数据导入 SPSS 22.0 中，分析其与期末考试成绩的相关性。

6.1 外显学习行为分析指标与学习成绩的相关分析

6.1.1 操作行为维度与期末考试成绩的相关性

本小节将操作行为维度的课程视频观看完成度、课程页面访问次数和课程资料阅读完成度的数据，以及期末考试成绩的数据导入 SPSS 22.0 中，可分别得出它们与期末考试成绩的相关性（表 6.1）。

表 6.1 操作行为维度与期末考试成绩的相关分析（N=283）

操作行为维度	期末考试成绩	
	r	p
Scanning	0.585**	0
Visiting	0.106**	0
Reading	0.165**	0

表 6.1 的数据显示，课程视频观看完成度与期末考试成绩、课程页面访问次数与期末考试成绩，以及课程资料阅读完成度与期末考试成绩之间均呈现出正相关关系，并且它们之间的相关显著。

通过对操作行为维度三个指标与期末考试成绩的相关进行分析，可以得出两者的相关性较强。由此可知，在云南师范大学网络教学平台上，学习者的期末考试成绩和课程视频观看完成度、课程页面访问次数和课程资料阅读完成度之间的相关性比较大。

6.1.2　问题解决行为维度与期末考试成绩的相关性

本小节将问题解决行为维度的作业完成度和章节测验完成度的数据，以及期末考试成绩的数据导入 SPSS22.0 中，可分别得出它们与期末考试成绩的相关性（表 6.2）。

表 6.2　问题解决行为维度与期末考试成绩的相关分析（N=283）

问题解决行为维度	期末考试成绩	
	r	p
Working	0.330**	0
Testing	0.130**	0

表 6.2 的数据显示，作业完成度与期末考试成绩之间、章节测验完成度与期末考试成绩之间均呈正相关，并且它们之间的相关显著。

综合分析表 6.1 和表 6.2，从外显学习行为各个维度指标与期末考试成绩之间的相关性分析可以看出，课程视频观看完成度、课程页面访问次数、课程资料阅读完成度、作业完成度、章节测验完成度与期末考试成绩之间均呈现出正相关关系。由此可知，云南师范大学网络教学平台上学习者的外显学习行为与学习成绩的相关性都较强。

6.2 内隐学习行为分析指标与学习成绩的相关分析

6.2.1 信息获取能力维度与期末考试成绩的相关性

本小节将信息获取能力维度的初始技能、预备仅能和目标技能的数据, 以及期末考试成绩的数据导入 SPSS 22.0 中, 可分别得出它们与期末考试成绩的相关性（表 6.3）。

表 6.3　信息获取能力维度与期末考试成绩的相关分析（N=283）

信息获取能力维度	期末考试成绩	
	r	p
6（初始技能）	0.312**	0
7（预备技能）	0.461**	0
8（目标技能）	0.579**	0

表 6.3 的数据显示, 初始技能与期末考试成绩、预备技能与期末考试成绩, 以及目标技能与期末考试成绩之间均呈现出正相关关系, 并且它们之间均是显著相关的。目标技能与期末考试成绩之间的相关性最强, 预备技能与期末考试成绩之间的相关性较强, 初始技能与期末考试成绩之间的相关性相对较弱。

综合分析, 目标技能和预备技能与期末考试成绩的相关性较强, 在较大程度上影响了学生的学习成绩。因此, 教师要在网络教学平台上进一步加强对学习者的目标技能和预备技能的培养。

6.2.2 学习态度维度与期末考试成绩的相关性

本小节将学习态度维度的注意力、意志力、自主性和计划性的数据, 以及期末考试成绩的数据导入 SPSS 22.0 中, 可分别得出它们与期末考试成绩的相关性（表 6.4）。

表 6.4　学习态度维度与期末考试成绩的相关分析（N=283）

学习态度维度	期末考试成绩	
	r	p
9（注意力）	0.378**	0
10（意志力）	0.547**	0
11（自主性）	0.711**	0
12（计划性）	0.578**	0

表 6.4 的数据显示，注意力与期末考试成绩、意志力与期末考试成绩、自主性与期末考试成绩，以及计划性与期末考试成绩之间均呈现出正相关关系，并且它们之间均是显著相关的。自主性与期末考试成绩之间的相关性最强，计划性和意志力与期末考试成绩之间的相关性较强，注意力与期末考试成绩之间的相关性相对较弱。

综合分析，自主性、计划性和意志力与期末考试成绩的相关性较强，在很大程度上影响了学生的学习成绩。因此，教师要在网络教学平台上激发学习者的学习积极性，倡导学习者有计划地、坚持不懈地进行自主学习，以提高学习效率和成绩。

6.2.3　学习动机维度与期末考试成绩的相关性

本小节将学习动机维度的实用性、目的性和满意度的数据，以及期末考试成绩的数据导入 SPSS 22.0 中，可分别得出它们与期末考试成绩的相关性（表 6.5）。

表 6.5　学习动机维度与期末考试成绩的相关分析（N=283）

学习动机维度	期末考试成绩	
	r	p
13（实用性）	0.568**	0
14（目的性）	0.195**	0
15（满意度）	0.310**	0

表 6.5 的数据显示，实用性与期末考试成绩、目的性与期末考试成绩，以及满意度与期末考试成绩均呈现出正相关关系，并且它们之间均是显著相关的。实用性与期末考试成绩之间的相关性最强，目的性与期末考试成绩之间的相关性相对较弱。因此，除了对基本概念、理论和方法的讲解外，网络教学平台上的课程还要将理论与实践相结合，增强课程的实用性。

6.2.4 自我效能感维度与期末考试成绩的相关性

本小节将自我效能感维度的反馈绩效、目标绩效、能力绩效和时间绩效的数据，以及期末考试成绩的数据值导入 SPSS 22.0 中，可分别得出它们与期末考试成绩的相关性（表 6.6）。

表 6.6 自我效能感维度与期末考试成绩的相关分析（N=283）

自我效能感维度	期末考试成绩	
	r	p
16（反馈绩效）	0.155**	0
17（目标绩效）	0.230**	0
18（能力绩效）	0.558**	0
19（时间绩效）	0.106**	0

表 6.6 的数据显示，反馈绩效与期末考试成绩、目标绩效与期末考试成绩、能力绩效与期末考试成绩，以及时间绩效与期末考试成绩之间均呈现出正相关关系，并且它们之间均是显著相关的。能力绩效与期末考试成绩之间的相关性最强，目标绩效和反馈绩效与期末考试成绩之间的相关性较强，时间绩效与期末考试成绩之间的相关性相对较弱。

综合分析表 6.3～表 6.6，网络教学平台上学习者的期末考试成绩和内隐学习行为之间的相关性较小。由相关性的数据可以看出，云南师范大学网络教学平台上的部分学习者要改变学习态度、学习动机以及提高自我效能感，要更加主动地学习；要让学习者更好地利用云南师范大学网络教学平台进行课程的学习，提高学习资源的利用率。

6.3   设置分析指标的权重

在前面的研究中，我们已经对在线学习行为分析的维度和等级进行了划分，但并没有明确给出各个分析指标的权重，因此没有形成与其相对应的学习行为分析的指标体系。在科学研究过程中，研究者常采用定性与定量的方式设定相应的权重。据此，笔者在分析了各个三级指标与期末考试成绩的相关性后，结合各个三级指标的相关系数，设置各个指标的权重，确保权重设置的可行性。权重的设置反映出各个指标的重要程度之间存在的差异。本次研究选用了较为简单的层次分析来进行权重设置。本书第 2 章已对层次分析法进行了解释，在此不赘述。

6.3.1   操作的具体步骤

6.3.1.1   判断矩阵的构建

对于位于同一分析层次的指标，对指标进行两两之间的比较，依据标度的取值，为对应的各个分析指标赋值，从而说明指标的重要程度。基于此，本次研究采用相对标度，尽可能提高数据的精确度。相对标度的取值为 1～9（表 6.7）。

表 6.7   指标相对标度

尺度	含义
1	两两比较同等重要
3	两两比较前者稍微重要
5	两两比较前者明显重要
7	两两比较前者非常重要
9	两两比较前者极端重要
2，4，6，8	重要程度的中间值
倒数	两因素交换次序比较

依据相对标度的大小，对 m 个因素进行两两比较，可表示为 $m \times m$ 的矩阵，即

$$A = \begin{pmatrix} a_{11} & a_{12} & \cdots & a_{1m} \\ a_{21} & a_{22} & \cdots & a_{2m} \\ \cdots & \cdots & \cdots & \cdots \\ a_{m1} & a_{m2} & \cdots & a_{mm} \end{pmatrix} \tag{6.1}$$

其中，$a_{11}, \cdots, a_{mm}$ 都位于对角线上，其值都为 1，表示两个因素是同等重要的。对角线 a_{ij} 与 a_{ji} 互为倒数，表示两个因素交换以后进行比较，矩阵中数值为 1 的那条对角线两边的值互为倒数。

6.3.1.2 计算判断矩阵

通常，判断矩阵计算的方法有求根、求和、求幂三种（王燕，2009）。本次研究选用求和这一方法来计算权重，操作步骤如下。

1）根据因素之间的相关性进行两两比较，构建矩阵中每一列的取值，然后构建完整的矩阵。

2）对元素所在的列进行归一化处理，即用矩阵中的每一个元素除以该元素所在列的和，从而构建一个标准的矩阵。

$$\overline{b}_{ij} = \frac{b_{ij}}{\sum_{k=1}^{m} b_{kj}} (i, j = 1, \cdots, m) \tag{6.2}$$

其中，b_{ij} 为矩阵中第 i 行第 j 列的元素 $(i, j = 1, 2, \cdots, n)$，$\overline{b}_{ij}$ 表示对 b_{ij} 进行归一化后得到的元素。

3）在构建标准矩阵的基础上进行求和，将结果用 $\overline{w}_i$ 表示。

$$\overline{w}_i = \sum_{j=1}^{m} \overline{b}_{ij} (i = 1, \cdots, m) \tag{6.3}$$

其中，$\overline{w}_i$ 表示对第 i 行归一化后得到的元素进行求和的结果。

4）对 w_i 的元素进行处理，方法同第二个步骤，也就是进行归一化处理，得出的最终结果就是权重，即

$$w_i = \frac{\overline{w}_i}{\sum_{i=1}^{m} \overline{w}_i} (i = 1, \cdots, m) \tag{6.4}$$

6.3.2   一致性检验

在判断矩阵的构造中，用层次分析法对两个因素进行比较时，是允许存在一定偏差的。基于此，在分析时要采用 CI（consistency index，一致性指标）值来判断各个矩阵中因素设置的合理性。

$$CI = \frac{K_{\max} - 1}{m - 1} \qquad (6.5)$$

其中，判断矩阵中的最大特征根是 $K_{\max}$，指标的个数为 m，证明两元素之间的一致性是由 CI 值的大小决定的。当 $CI=0$ 时，有完全一致性；当 CI 接近于 0 时，有满意的一致性；CI 值越大，不一致性越严重。从以上分析可以看出，并不能精确地定义出 CI 的取值范围。因此，为了更好地确定 CI 的取值范围，给出了随机一致性的值 RI（random index）（表 6.8）。当 CI 值小于对应的 RI 值时，表示一致性可以接受。

表 6.8   随机一致性指标值

m	1	2	3	4	5	6	7	8	9
RI	0	0	0.58	0.89	1.12	1.24	1.32	1.41	1.45

6.3.3   外显学习行为分析指标权重确定

根据层次分析法，设置在线学习行为分析的各级指标的权重。首先对学习行为分析的二级维度指标进行两两比较，形成所需要的判断矩阵。为了使其更具有说服力，笔者将各个外显学习行为和内隐学习行为与最终所得的学习成绩之间的相关性作为参照，分析两者之间的显著性是否位于同一水平，相关系数越大，则两者之间的相关性越大；反之，则相关性越小（表 6.9）。

表 6.9   外显学习行为与期末考试成绩的相关系数

二级指标	三级指标	r	p
操作行为	Scanning	0.585	0
	Visiting	0.106	0
	Reading	0.165	0
问题解决行为	Working	0.330	0
	Testing	0.130	0

通过表 6.9，结合这些指标的相对重要标度，可以得出外显学习行为矩阵（表 6.10）。

表 6.10 外显学习行为矩阵

指标	操作行为	问题解决行为
操作行为	1	5
问题解决行为	0.2	1

通过对列向量进行归一化和求和，可以得到计算外显学习行为权重的公式（式 6.6）和外显学习行为二级指标的权重（表 6.11）。

$$A = \begin{pmatrix} 1 & 5 \\ 0.200 & 1 \end{pmatrix} \Rightarrow \begin{pmatrix} 0.833 & 0.833 \\ 0.166 & 0.166 \end{pmatrix} \Rightarrow \begin{pmatrix} 1.766 \\ 0.232 \end{pmatrix} \Rightarrow \begin{pmatrix} 0.8 \\ 0.36 \end{pmatrix} \tag{6.6}$$

表 6.11 二级指标权重值

指标	权重
操作行为	0.80
问题解决行为	0.36

依此类推，分别求出每个二级指标对应的三级指标的权重，经过两两比较，其权重如表 6.12 和表 6.13 所示。

表 6.12 操作行为维度三级指标矩阵和权重

指标	课程视频观看完成度	课程页面访问次数	课程资料阅读完成度	权重
课程视频观看完成度	1	5	5	0.686
课程页面访问次数	0.2	1	3	0.211
课程资料阅读完成度	0.2	0.333	1	0.103

表 6.13 问题解决行为维度三级指标矩阵和权重

指标	作业完成度	章节测验完成度	权重
作业完成度	1	5	0.5
章节测验完成度	0.2	1	0.5

　　在计算出全部外显学习行为分析指标的权重后，依据层次分析法逐个检验各个分析指标的权重。结果表明，上面的判断矩阵具有一致性，权重设置基本合理。

6.3.4　内隐学习行为分析指标权重确定

　　参照 6.1 和 6.2 的分析方法，可以得出各个内隐学习行为与期末考试成绩的相关性（表 6.14）。

表 6.14　内隐学习行为与期末考试成绩的相关性

指标	二级指标	r	p
信息获取能力	初始技能	0.312	0
	预备技能	0.461	0
	目标技能	0.579	0
学习态度	注意力	0.378	0
	意志力	0.547	0
	自主性	0.711	0
	计划性	0.578	0
学习动机	实用性	0.568	0
	目的性	0.195	0
	满意度	0.310	0
自我效能感	反馈绩效	0.155	0
	目标绩效	0.230	0
	能力绩效	0.558	0
	时间绩效	0.106	0

　　由表 6.14 可以得出各个内隐学习行为对于期末成绩的重要程度，结合这些指标的相对重要标度，可以得出内隐学习行为维度形成两两相比较的矩阵和权重（表6.15）。

表 6.15　内隐学习行为维度二级指标矩阵和权重

指标	信息获取能力	学习态度	学习动机	自我效能感	权重
信息获取能力	1	5	0.333	0.333	0.25
学习态度	0.2	1	0.2	0.2	0.24
学习动机	3	5	1	1	0.26
自我效能感	3	5	1	1	0.26

依此计算出内隐学习行为的四个一级指标下的二级指标的矩阵以及对应的权重（表 6.16~表 6.19）。

表 6.16　信息获取能力二级指标矩阵和权重

指标	初始技能	预备技能	目标技能	权重
初始技能	1	3	3	0.33
预备技能	0.33	1	3	0.33
目标技能	0.33	1/3	1	0.33

表 6.17　学习态度二级指标矩阵和权重

指标	注意力	意志力	自主性	计划性	权重
注意力	1	5	5	3	0.25
意志力	0.2	1	5	3	0.25
自主性	0.2	0.2	1	0.2	0.25
计划性	0.33	0.33	5	1	0.25

表 6.18　学习动机二级指标矩阵和权重

指标	实用性	目的性	满意度	权重
实用性	1	0.2	0.2	0.47
目的性	5	1	3	0.48
满意度	5	0.33	1	0.38

表 6.19   自我效能感二级指标矩阵和权重

指标	反馈绩效	目标绩效	能力绩效	时间绩效	权重
反馈绩效	1	3	5	3	0.26
目标绩效	0.33	1	5	0.33	0.25
能力绩效	0.2	0.2	1	0.2	0.26
时间绩效	0.33	3	5	1	0.25

类似于对外显学习行为分析指标权重的检验，在计算出全部内隐学习行为分析指标的权重后，我们对其逐个进行检验分析。结果表明，内隐学习行为的五个判断矩阵具有合理性，各个指标的权重设置基本合理。

在设置完所有学习行为的权重后，可以得到如表 6.20 所示的分级指标权重。

表 6.20   分级指标权重

二级分析指标	二级分析指标权重	三级分析指标	三级分析指标权重
操作行为（N_1）	0.50	课程视频观看完成度（N_{11}）	0.68
		课程页面访问次数（N_{12}）	0.21
		课程资料阅读完成度（N_{13}）	0.10
问题解决行为（N_2）	0.50	作业完成度（N_{21}）	0.50
		章节测验完成度（N_{22}）	0.50
信息获取能力（N_3）	0.25	初始技能（N_{31}）	0.33
		预备技能（N_{32}）	0.33
		目标技能（N_{33}）	0.33
学习态度（N_4）	0.24	注意力（N_{41}）	0.25
		意志力（N_{42}）	0.25
		自主性（N_{43}）	0.25
		计划性（N_{44}）	0.25

续表

二级分析指标	二级分析指标权重	三级分析指标	三级分析指标权重
学习动机（N_5）	0.26	实用性（N_{51}）	0.47
		目的性（N_{52}）	0.48
		满意度（N_{53}）	0.38
自我效能感（N_6）	0.26	反馈绩效（N_{61}）	0.26
		目标绩效（N_{62}）	0.25
		能力绩效（N_{63}）	0.26
		时间绩效（N_{64}）	0.25

6.4 基于线性加权综合法的学习者学习行为分析模型

6.4.1 提出问题假设

本次研究将学习者的学习行为维度划分为内隐学习行为和外显学习行为，我们假设学习成绩等于内隐学习行为与外显学习行为之和，用 X 表示学习成绩，N 表示学习行为的集合，用等式表示为 X（学习成绩）$=N$（外显学习行为）$+N$（内隐学习行为），即 X（学习成绩）$=N$（操作行为，问题解决行为，信息获取能力，学习态度，学习动机，自我效能感）。

参照表 6.20，分别用 N_1、N_2、N_3、N_4、N_5、N_6 表示学习者学习行为分析的 6 个二级维度。同理，将各个三级分析指标表示为 N_{11}，N_{12}，N_{13}，N_{21}，$\cdots$，N_{64}，由此可得到在线学习行为分析模型，即

$$N = \sum_{k=1}^{3} N_{1k} + \sum_{k=1}^{2} N_{2k} + \sum_{k=1}^{3} N_{3k} + \sum_{k=1}^{4} N_{4k} + \sum_{k=1}^{3} N_{5k} + \sum_{k=1}^{4} N_{6k} \qquad (6.7)$$

其中，N表示学习行为的集合。

根据上述模型，将调查的 283 名学习者的学习行为数据代入公式中进行计算，则得出的最终结果为学习者一学期的学习成绩。

6.4.2   数据归一化处理

在对学习行为数据进行分析时，首先，要对数据类型进行统一处理，使数据可以直接进行加法运算。其次，由于每个维度的权重是不同的，需要对数据进行归一化处理。我们选用最大值和最小值方法来对数据进行归一化处理。用 x 表示样本数，max 表示样本数据中的最大值，min 表示样本数据中的最小值，归一化后的样本值 x^* 表示为

$$x^* = \frac{x - \min}{\max - \min} \tag{6.8}$$

最后，由于权重已经设置好，将各项指标归一化处理后的值与权重相乘即可。

6.4.3   构建学习行为分析的数学模型

根据上述分析，构建的学习行为分析模型可以表示为

$$X = \sum_{i=1,3,5} \sum_{k=1}^{3} \frac{V_{ik} - V_{ik}^{\min}}{V_{ik} - V_{ik}^{\max}} W_{ik} + \sum_{k=1}^{2} \frac{V_{2k} - V_{2k}^{\min}}{V_{2k} - V_{2k}^{\max}} W_{2k} + \sum_{i=4,6} \sum_{k=1}^{4} \frac{V_{ik} - V_{ik}^{\min}}{V_{ik} - V_{ik}^{\max}} W_{ik} \tag{6.9}$$

其中，V_{ik} 表示二级指标 N_{ik} 的值，该分析指标中的最大值和最小值分别表示为 $V_{ik}^{\max}$ 和 $V_{ik}^{\min}$，W_{ik} 表示分析指标 N_{ik} 的权重。

第 7 章

学习行为研究结果分析以及改进策略

7.1　学习行为研究结果分析

本节在对数据进行聚类分析的基础上，给出学习者的学习行为等级，从而对网络教学平台学习者的学习行为以及学习行为之间的关系进行分析，为后期改进云南师范大学网络教学平台对学习用户进行学习评价和制定相应的干预措施、教师制定教学决策、教育研究者对教学做出相应的变革、平台管理者对平台进行监控奠定基础。

7.1.1　学习行为程度等级换算

根据第三章中给出的学习行为维度划分，我们把课程视频观看完成度、课程页面访问次数、课程资料阅读完成度、作业完成度、章节测验完成度划分成 A、B、C、D、E 五个等级。根据本书对网络教学平台中学习者外显学习行为的分析，对在线学习者的外显学习行为进行聚类分析之后，可以得出外显学习行为程度换算与等级对应的关系（表 7.1）。

从表 7.1 可以清晰地看出，各个维度的每一个等级中，除课程页面访问次数以外，其余四个维度呈现的都是关于程度的百分比。课程页面访问次数这一维度没有总量的限制，所以只能通过课程页面访问次数来观察各个阶段学习者的学习行为。

表 7.1 中的每一组数据反映的都是每一个维度取值不同时的人数情况，各个维度的等级从 A 到 E 逐渐递减，等级 A 是最高的，等级 E 是最低的。

表 7.1 外显学习行为程度换算与等级对应表

维度	A	B	C	D	E
课程视频观看完成度	90%～100%	80%～89%	70%～79%	60%～69%	37%～59%
	262 人	6 人	7 人	5 人	3 人
课程页面访问次数	311～461 次	236～310 次	161～235 次	86～160 次	10～85 次
	7 人	8 人	21 人	86 人	161 人
课程资料阅读完成度	89%～100%	无	无	无	0%～11%
	269 人	—	—	—	14 人
作业完成度	93%～100%	82%～92%	70%～81%	51%～69%	33%～50%
	257 人	11 人	3 人	5 人	7 人
章节测验完成度	92%～100%	75%～91%	59%～74%	26%～58%	1%～25%
	262 人	7 人	4 人	4 人	6 人

根据内隐学习行为维度的问卷调查人数与划分行为程度相对应等级的统计人数，可以得出其对应关系（表 7.2）。

表 7.2 内隐学习行为程度与阶段划分　　　　　　　单位：人

维度		A	B	C	D	E
信息获取能力	初始技能	54	62	98	42	27
	预备技能	114	89	37	22	21
	目标技能	50	90	109	20	14
学习态度	注意力	46	97	84	40	16
	意志力	58	60	99	40	26
	自主性	70	89	99	15	10
	计划性	57	82	91	44	9
学习动机	实用性	59	71	89	48	16
	目的性	60	89	95	25	14
	满意度	62	94	89	19	19

续表

维度		A	B	C	D	E
自我效能感	反馈绩效	57	89	98	20	19
	目标绩效	64	94	82	24	19
	能力绩效	62	81	91	39	10
	时间绩效	63	94	90	20	16

7.1.2　维度之间的对比分析结果以及影响因素

在本节中，我们具体分析各个指标之间的相关关系，从而提出改进学习行为的策略。以下各图中的 A～E 表示其各个维度的等级逐渐降低，等级 A 是最高的，等级 E 是最低的。

7.1.2.1　信息获取能力对外显学习行为的影响

根据前面的相关分析，学习者的初始技能和课程页面访问次数之间呈现正相关的关系。通过结合初始技能和课程页面访问次数在各个阶段的人数对比，可以得出两者之间的相关性（图 7.1）。

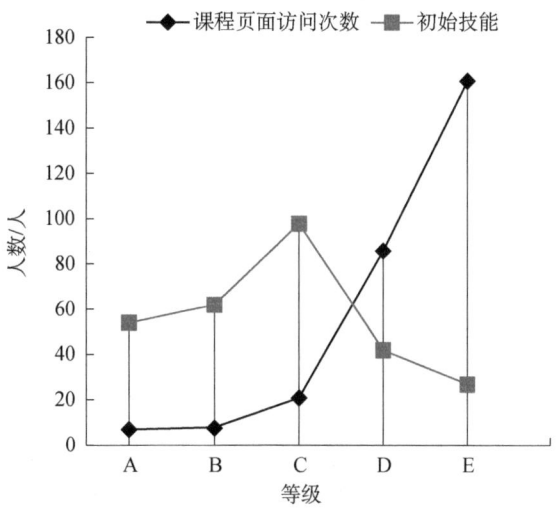

图 7.1　初始技能和课程页面访问次数的相关分析

根据图 7.1，由初始技能曲线可以看出，大部分学习者已经具备了一定的初始技能（处于 A、B 或者 C 等级）。课程页面访问次数的曲线表明，大部分学习者处于 D 等级和 E 等级（访问次数在 10~160 次），只有 36 人的课程页面访问次数超过了 160 次。处于 D、E 等级的学习者的初级技能相对较弱，在网络教学中，教师可以增强对这部分学习者的初始技能的训练，因此，学习平台要针对这一部分学习者，提升其初始技能，从而优化学习者学习平台上的课程页面访问次数这一学习行为。

同样，可以得到预备技能和课程视频观看完成度，以及预备技能和章节测验完成度的相关关系（图 7.2，图 7.3）。

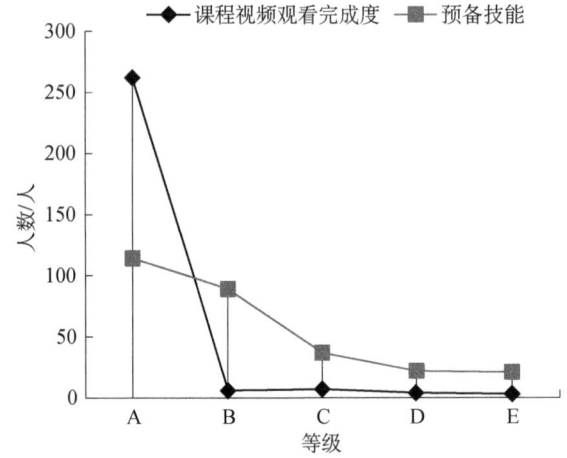

图 7.2 预备技能和课程视频观看完成度的相关分析

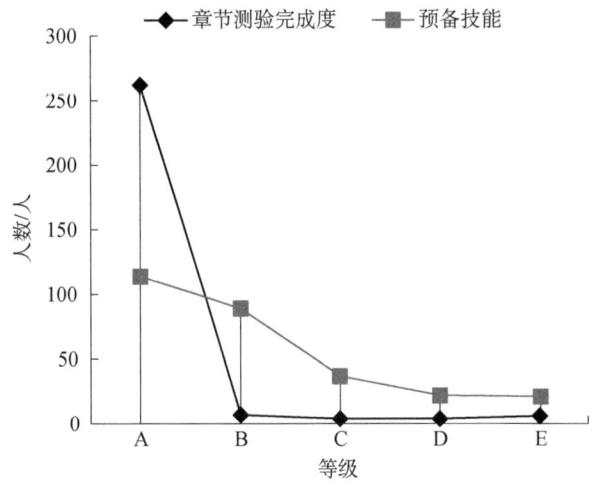

图 7.3 预备技能和章节测验完成度的相关分析

根据图 7.2 和图 7.3，课程视频观看完成度曲线表明，大部分学习者处于 A 等级，观看完成度达到了 90%以上，只有 21 人低于这个百分比，这说明课程视频对大部分学习者是具有吸引力的。章节测验完成度曲线表明，A 等级的人数最多，有 262 人的章节测验完成度不低于 92%，绝大部分学习者都能完成课程的章节测验。由预备技能曲线可以看出，大部分学习者已经具备了一定的预备技能（处于 A 或者 B 等级）。但仍有一部分学习者因不具备使用网站提供的高级检索、作业提交等预备技能，导致了课程视频观看完成度和章节测验完成度的降低。因此，在网络教学中，教师要进一步提高预备技能处于 C、D、E 等级的学习者应用信息技术的能力。

最后，我们对目标技能和课程页面访问次数、课程资料阅读完成度之间的关系进行了分析（图 7.4，图 7.5）。

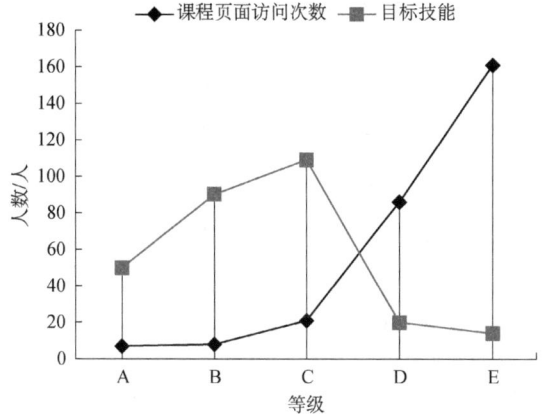

图 7.4　目标技能和课程页面访问次数的相关分析

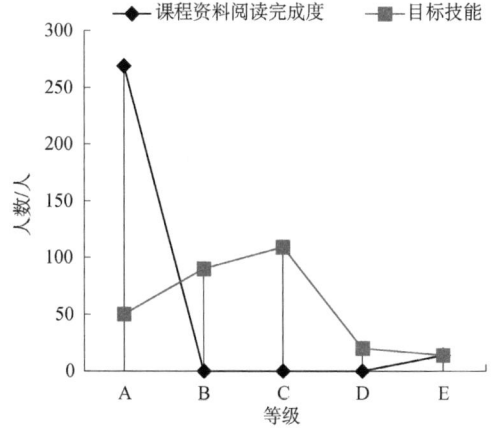

图 7.5　目标技能和课程资料阅读完成度的相关分析

　　根据图 7.4，课程页面访问次数的曲线表明，大部分学习者的课程页面访问次数在 10～160 次。从目标技能来看，大部分学习者处于 A、B 或者 C 等级，其中 C 等级的人数最多，这表明有部分学习者的目标技能掌握较差（比如，不能通过网络查找信息解决课程学习中遇到的问题）。因此，在网络教学中，教师要加强对学习者的目标技能的训练，在学习者遇到困难时给予积极的疏导，改善学习者在平台中的学习交互情况。

　　根据图 7.5，课程资料阅读完成度曲线表明，大部分学习者处于 A 等级，课程资料阅读完成度达到了 89% 以上，只有 14 人的课程资料阅读完成度低于 11%，这说明平台上大部分学习者的课程资料阅读完成度为良好。

7.1.2.2　学习态度对外显学习行为的影响

　　为了分析学习态度对外显学习行为的影响，我们先分析注意力与章节测验完成度和课程页面访问次数之间的关系，以及影响注意力的因素。

　　根据图 7.6，章节测验完成度曲线表明，绝大多数学习者可以认真完成课程的章节测验。注意力曲线表明，大部分学习者的注意力较集中（处于 A、B 或者 C 等级）。这说明注意力越集中的学习者，章节测验完成度越好，学习的效率越高。因此，在网络教学中，教师可以适当加强对 E 等级的学习者的注意力训练，以增强学习者对课程的有效访问，提高章节测验完成度。

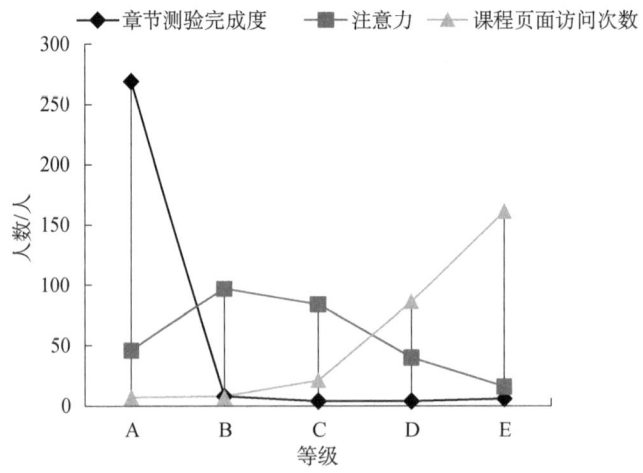

图 7.6　注意力与章节测验完成度、课程页面访问次数的相关分析

图 7.7 显示，学习者认为影响其学习注意力的主要因素是玩手机、网络游戏，浏览网页、网上购物，听音乐、看视频，只有少部分学习者认为影响其学习注意力的主要因素是关注其他学习平台、做与学习无关的事情和其他行为。

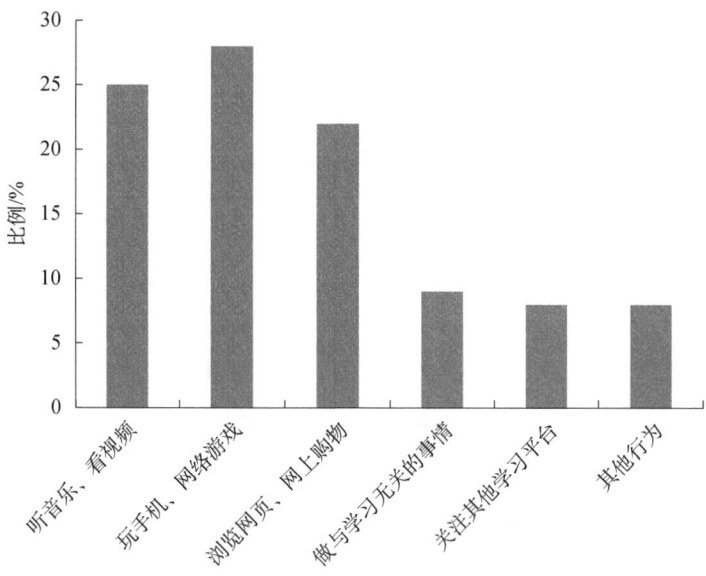

图 7.7　注意力的影响因素分布图

接着，我们分析了意志力与课程页面访问次数之间的关系，以及影响意志力的因素。

根据图 7.8，意志力曲线表明，大部分学习者的意志力一般（处于 C 等级的人数最多，其次是 A 和 B 等级），还有部分学习者的意志力较弱，需要进一步提升。因此，在网络教学中，教师要提高 D～E 等级学习者的学习意志力，增强学习者对课程的有效访问，优化学习者的学习行为。

图 7.9 给出了影响学习者意志力的因素，这些因素导致学习者不能坚持使用网络教学平台继续学习。

在对意志力进行分析之后，我们分析了自主性与课程页面访问次数之间的关系，以及影响学习自主性的因素。

根据图 7.10，课程页面访问次数曲线表明，大部分学习者的课程页面访问次数在 10～160.3 次。从学习自主性曲线可以看出，大部分学习者处于 A、B 或者 C 等级，其中 C 等级的人数最多，这表明有部分学习者的学习自主性较差（比如，不能按时完成作业）。因此，在网络教学中，教师可以通过适当的奖惩策略来提高学习者的学习自主性，增加学习者对课程页面的访问次数，优化学习者的学习行为。

从图 7.11 可以看出，影响学习者学习自主性的主要因素是学习者的自主学习能力，其次是学习者的自主学习控制力和自主学习自信心，而选择缺乏自主解决问题能力和其他因素的人数相对较少。

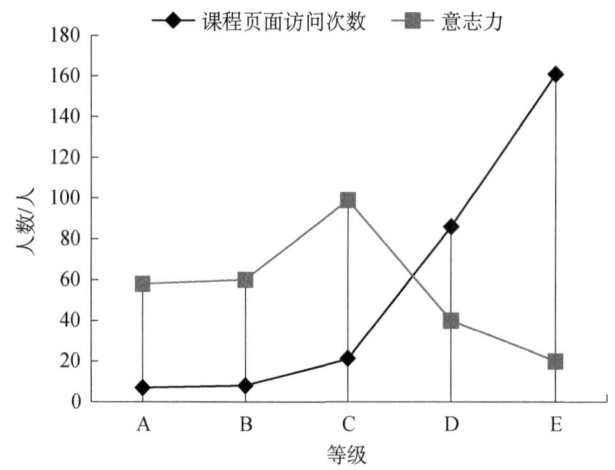

图 7.8　意志力和课程页面访问次数的相关分析

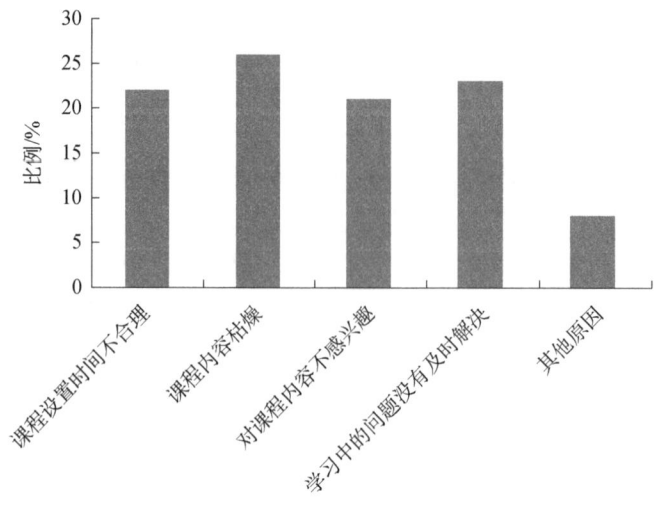

图 7.9　意志力的影响因素分布图

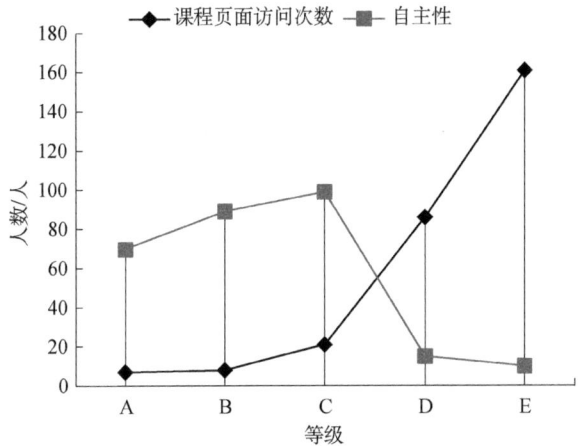

图 7.10　自主性和课程页面访问次数的相关分析

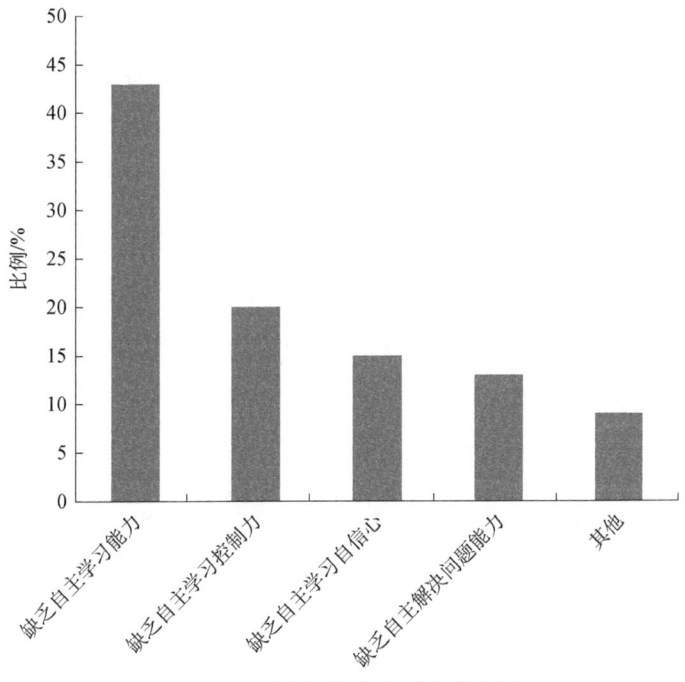

图 7.11　自主性的影响因素分布图

最后，我们分析了计划性和课程页面访问次数之间的关系（图 7.12）。根据图 7.12，计划性曲线表明，大部分学习者处于 A、B 或者 C 等级，其中 C 等级的人数最多，这表明部分学习者在计划性方面的能力较差（比如，不能按照计划完成课程学习）。研究表明，部分学习者在网络教学平台上没有计划好自己的课程学习，从而导致课程页面访问次数较少。因此，在网络教学中，教师要促使学习者增强学习的计划性，增加课程页面访问次数。

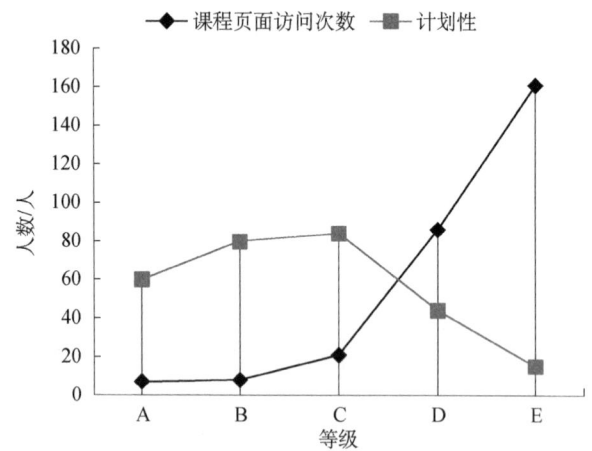

图 7.12　计划性和课程页面访问次数的相关分析

7.1.2.3　学习动机对外显学习行为的影响

为了讨论学习动机对外显学习行为的影响，我们分析了实用性与课程页面访问次数之间的关系，以及影响实用性的因素。

从图 7.13 可以看出，认为网络教学平台上的课程实用性较高的学习者，其课程页面访问次数较多。

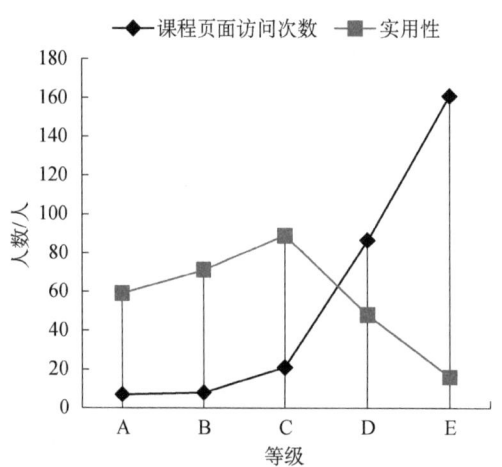

图 7.13　实用性和课程页面访问次数的相关分析

从实用性曲线可以看出，在 D、E 两个等级有 64 名学习者，通过研究发现，这一部分学习者认为平台上课程的实用性不明显。因此，研究的重点是要分析认为网络教学平台上课程的实用性较低的学习者的学习需求，尽量满足他们的学习需求，增加他们对课程页面的访问次数，进而优化其学习行为。

由图 7.14 可以看出，学习者认为的影响课程实用性的因素中，为了获得相应学分的人数占比最高，其次是为了拓宽自己的知识面和提升自己的专业技能，占比较低的是学习兴趣和学校要求学习。

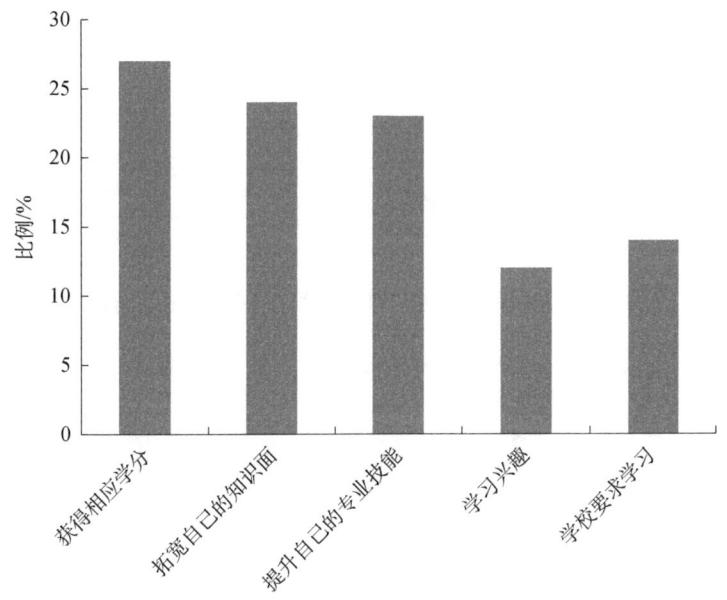

图 7.14 实用性的影响因素分布图

接着，笔者分析了学习的目的性和课程页面访问次数、章节测验完成度之间的关系，以及影响学习目的性的因素。

从图 7.15 可以看出，部分学习者认为学习网络教学平台上的课程能达到学习目的，其课程页面访问次数的情况较为良好。还有一部分学习目的性较弱的学习者的课程页面访问次数反而较高，说明这部分学习者的学习具有一定的盲目性，需要加强引导，以提高学习效率。

从图 7.16 可以看出，大部分学习者章节测验完成度和学习的目的性主要集中在 A 等级，也就是说，当学习者的学习目的性较强时，其章节测验完成度也较高。

在 B、C、D、E 四个等级的学习者中，章节测验完成度较高的人数较少。因此，在 B、C、D、E 四个等级中，学习者的学习目的性和章节测验完成度之间的关联并不密切。

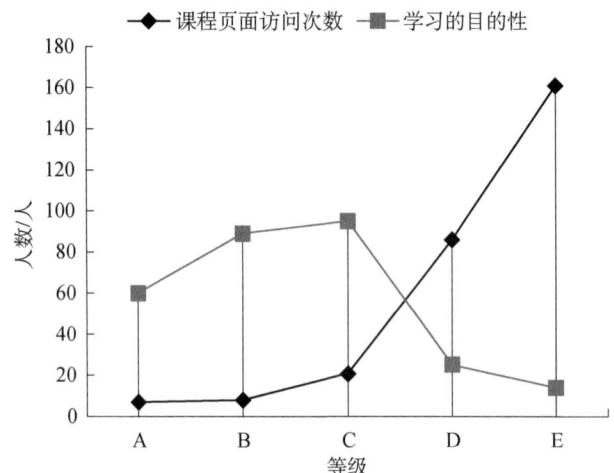

图 7.15　学习的目的性和课程页面访问次数的相关分析

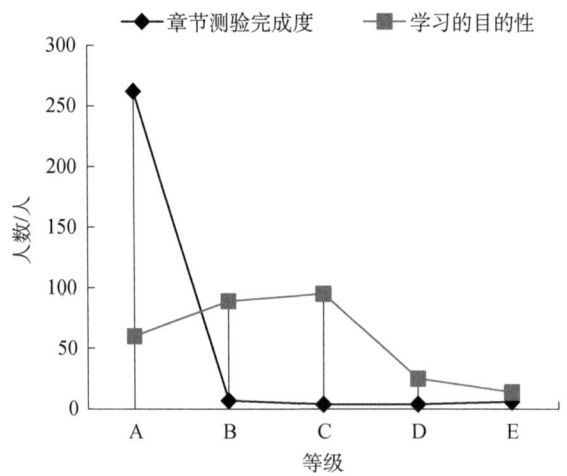

图 7.16　学习的目的性和章节测验完成度的相关分析

从图 7.17 可以看出，影响学习者学习目的性的主要因素是获得证书奖励，以及获得学分奖励。

最后，我们分析了学习满意度和课程页面访问次数之间的相关关系，以及影响学习者满意度的因素。

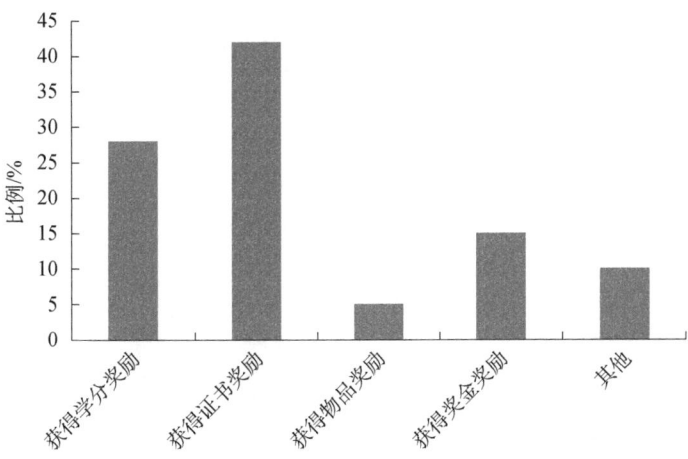

图 7.17　学习目的性的影响因素分布图

从图 7.18 可以看出，满意度和课程页面访问次数之间的相关关系随等级的不同而不断变化，随着课程页面访问次数的等级不断降低，人数反而增加。对网络教学平台上的课程感到满意的学习者，其课程页面访问次数也比较多。因此，在网络教学中，教师要重点关注对课程满意度低的学习者的情况，优化其学习行为，从而使网络教学平台的优势得以更好地发挥。

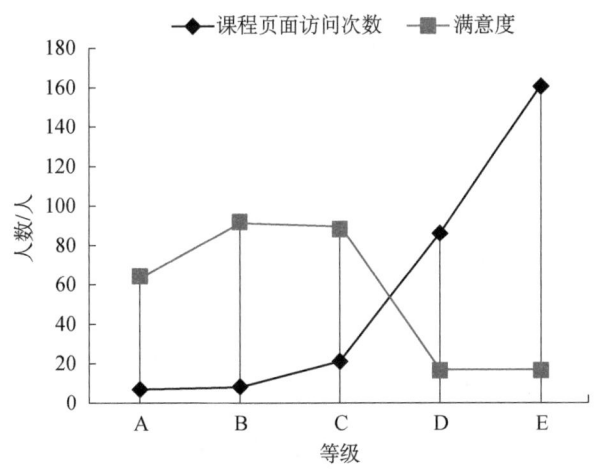

图 7.18　满意度和课程页面访问次数的相关分析

从图 7.19 可以看出，在对网络教学平台课程的满意度方面，有将近 25%的学习者认为网站反应速度慢，还有一部分学习者认为学习资源老旧、课程资源不易检索，也有一部分学习者认为学习资源不实用，对网站的教学服务支持不满。

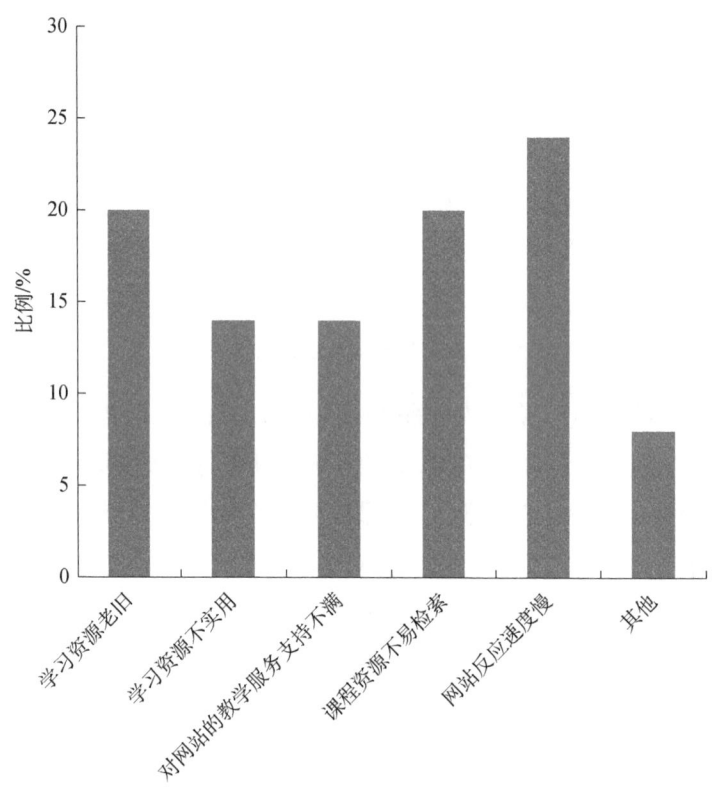

图 7.19　满意度的影响因素分布图

7.1.2.4　自我效能感对外显学习行为的影响

为了讨论自我效能感对外显学习行为的影响，笔者先分析反馈绩效和课程页面访问次数、课程资料阅读完成度之间的关联。

图 7.20 表明，认为平台上反馈问题及时的学习者，其课程页面访问次数较少。因此，在网络教学中，教师应该解决反馈不及时的问题，以此来提高学习者的反馈绩效，优化学习者的学习行为。

图 7.21 是学习者的反馈绩效和课程资料阅读完成度的相关分析。从中可以看出，大部分学习者的阅读情况良好，只有少数学习者的阅读次数较少。反馈绩效和

课程资料阅读完成度之间的相关性不是很强。

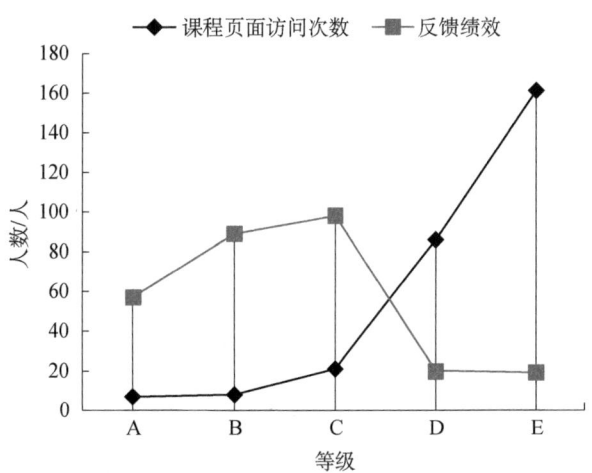

图 7.20　反馈绩效和课程页面访问次数的相关分析

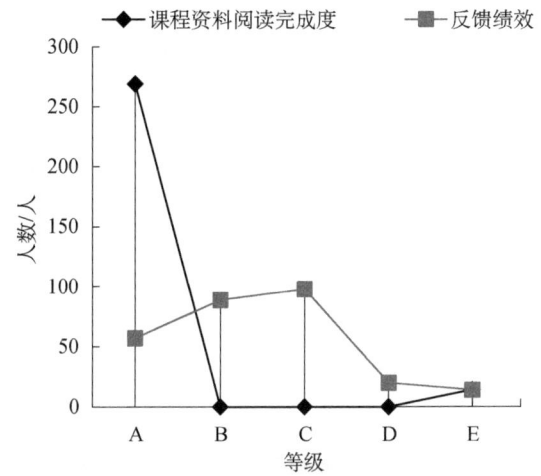

图 7.21　反馈绩效和课程资料阅读完成度的相关分析

接着，我们分析了目标绩效和课程页面访问次数、作业完成度之间的关联，以及影响学习者不能坚持使用平台继续学习的因素。

从图 7.22 中的目标绩效曲线可以看出，在学完规定的课程后，大部分学习者愿意继续使用网络教学平台进行学习。当然，也有一部分学习者学习完规定的课程后，不愿意再用网络教学平台进行学习。因此，在网络教学中，教师要改善学习者的目标绩效，设定新的学习目标来鼓励学习者继续学习，并增加课程页面访问次数。

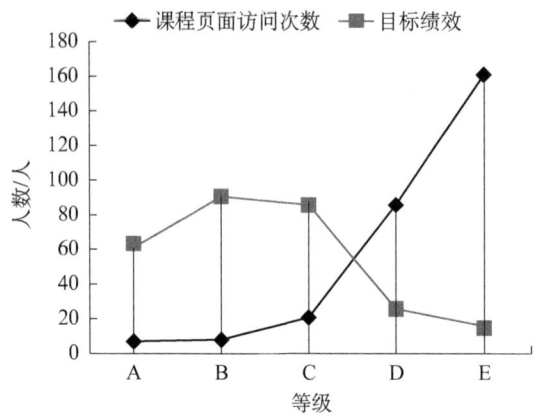

图 7.22　目标绩效和课程页面访问次数的相关分析

从图 7.23 可以看出，大部分学习者的作业完成度较高，设定了合理的学习目标并保持继续学习。一部分学习者选择继续学习，却没有设置合理的学习目标，教师应主要改善这一部分学习者的目标绩效，提高学习者的作业完成度。

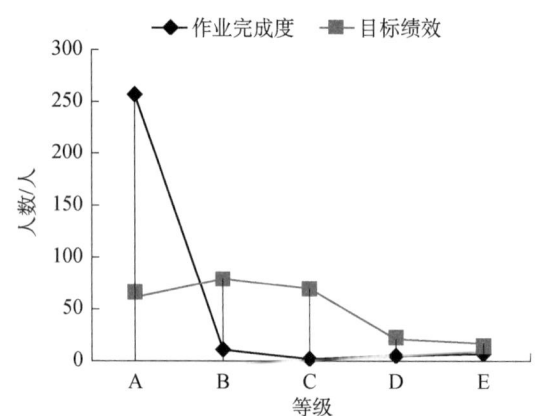

图 7.23　目标绩效和作业完成度的相关分析

由图 7.24 可知，课程内容枯燥、课程设置时间不合理、对课程内容不感兴趣、学习中遇到的问题没有及时得到解决这些因素都是影响学习者不能坚持使用网络教学平台继续学习的原因。

在对目标绩效进行讨论后，我们分析能力绩效和课程页面访问次数、作业完成度、章节测验完成度之间的关联。

从图 7.25 可以看出，课程页面访问次数集中在 E 等级的学习者占大多数，大部分学习者对自己完成课程任务的能力充满信心。此外，大部分学习者的能力绩效较为良好，对自己完成测验充满信心。

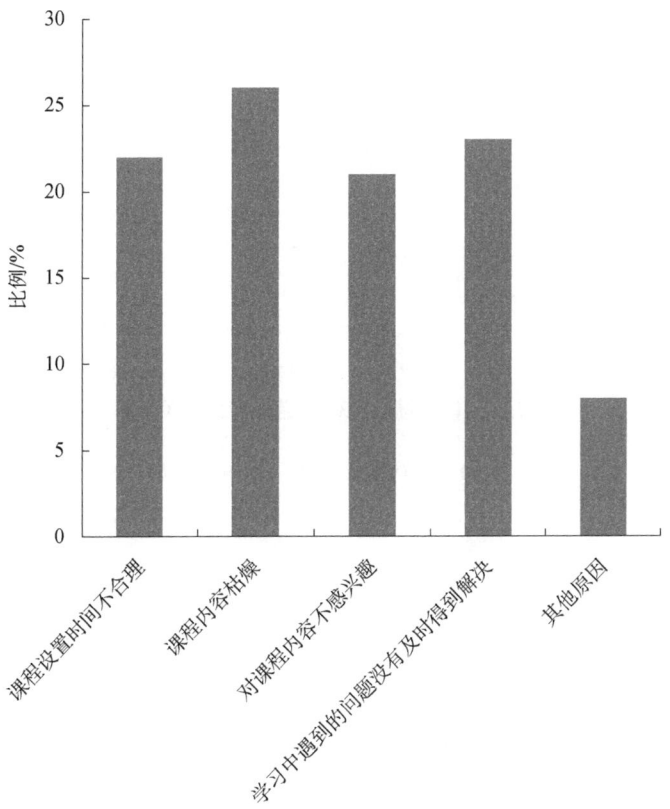

图 7.24　不能坚持使用网络教学平台继续学习的影响因素分布图

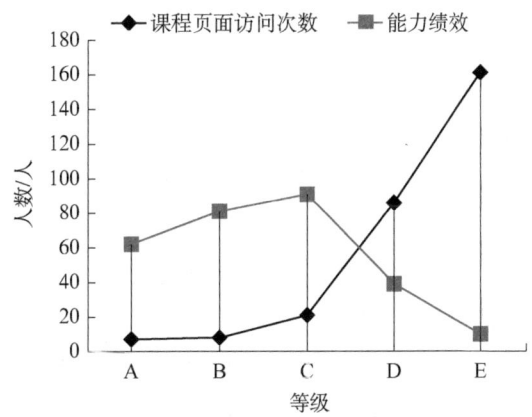

图 7.25　能力绩效和课程页面访问次数的相关分析

从图 7.26 和图 7.27 可以看出，大部分学习者的作业完成度和章节测验完成度良好，能够自己主动完成任务。

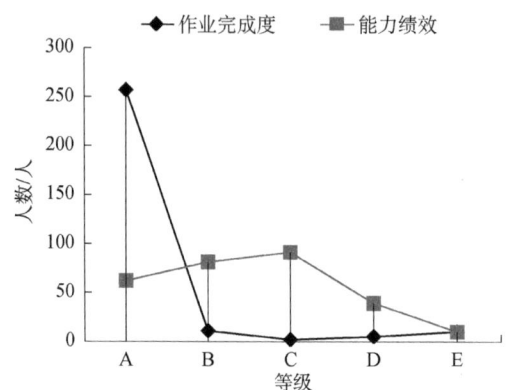

图 7.26 能力绩效和作业完成度的相关分析

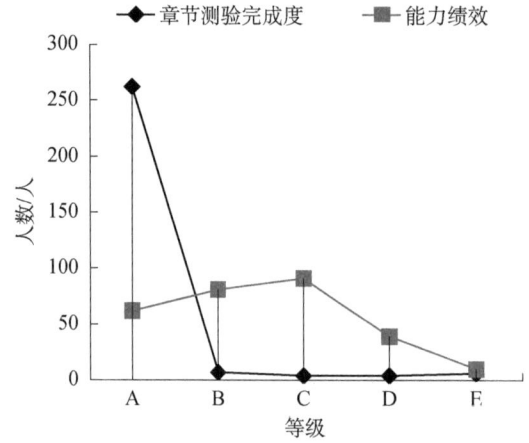

图 7.27 能力绩效和章节测验完成度的相关分析

由此可见，教师可以通过提高能力绩效高的学习者的课程页面访问次数，更好地优化学习者的学习行为。同时，也可以通过增强学习者完成课程任务的自信心，优化学习者的学习行为，提高低等级的学习者的作业完成度和章节测验完成度。

最后，我们分析时间绩效和课程视频观看完成度、课程页面访问次数、作业完成度、章节测验完成度之间的关联。

从图 7.28 可以看出，网络教学平台中大部分学习者的课程视频观看完成度比较好，这体现了网络教学平台在利用多媒体教学资源进行课程制作方面的优势。在网络教学中，教师要改进学习者的学习行为，提高学习者的学习效率，优化学习者的时间绩效。

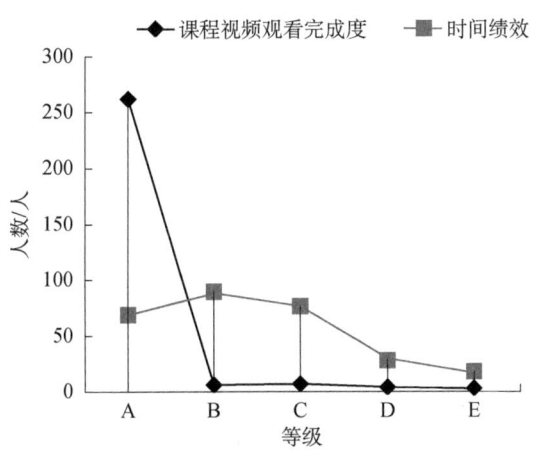

图 7.28 时间绩效和课程视频观看完成度的相关分析

从图 7.29 可以看出，大部分学习者的时间绩效较高（集中在 A、B 或 C 等级），同时也有部分学习者不能有效利用时间，教师应主要增加时间绩效低的学习者的课程页面访问次数，引导学习者通过提高学习效率来改善学习行为。

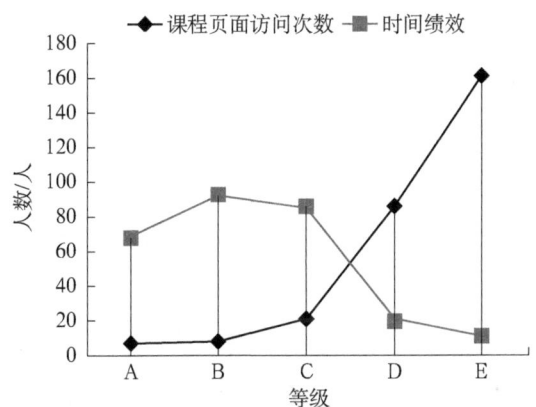

图 7.29 时间绩效和课程页面访问次数的相关分析

从图 7.30 可以看出，学习者作业完成度总体情况良好，我们应主要分析作业完成度较低的学习者的时间绩效问题，从而对这一部分学习者的学习行为进行优化。

从图 7.31 可以看出，大部分学习者的章节测验完成度相对较好，同时大部分学习者的时间绩效较高，表明大部分学习者都能有效利用时间完成章节测验。因此，在网络教学中，教师要提升时间绩效低的学习者的章节测验完成度，提高学习效率。

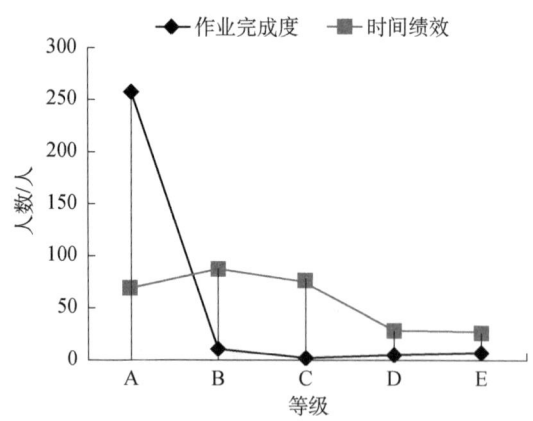

图 7.30   时间绩效和作业完成度的相关分析

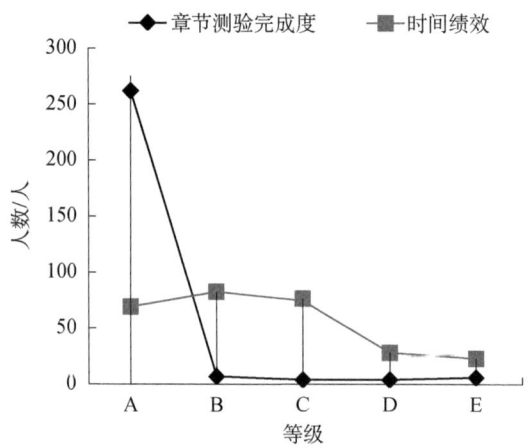

图 7.31   时间绩效和章节测验完成度的相关分析

总体来说，在云南师范大学网络教学平台中，大部分学习者的课程视频观看完成度、作业完成度、章节测验完成度都很好，这是网络教学平台的一大优势，平台要继续保持这一优势。此外，网络学习平台可以通过改善时间绩效低的学习者的课程页面访问次数和作业完成度，提高其学习效率，改善学习者的学习行为。

7.2 基于线性加权综合法的学习者 学习行为分析模型验证

前面构建了学习者学习行为的分析模型，并且确定了学习行为分析模型的数学模型。为了验证该模型的可行性，笔者采集了云南师范大学网络教学平台上学习者的外显学习行为数据，通过问卷调查得到了学习者的内隐学习行为数据，以验证模型的可行性。

验证的方法就是根据采集的学习行为数据，采用线性加权综合法进行计算，得出最终的学习分析结果，将其与学习者的期末考试成绩进行比较。若计算结果和期末考试成绩相接近或者吻合，则说明构建的模型是有效的；若计算结果和期末考试成绩相差甚远，则说明构建的模型是无效的。

根据构建的学习行为分析模型，笔者将选取的 283 人的学习行为数据用 Excel 进行计算（图 7.32 和图 7.33）。

A 学号	B 课程视频观看完成度	C 归一化权重	D 课程页面访问次数	E 归一化权重	F 课程资料阅读完成度	G 归一化权重	H 作业完成度	I 归一化权重	J 章节测验完成度	K 归一化权重
14********224	100.00%	0.109	105	0.0450	100.00%	0.103	100.00%	0.50	100.00%	0.50
15********135	96.20%	0.108	192	0.0820	100.00%	0.103	98.11%	0.49	100.00%	0.50
15********74	100.00%	0.109	31	0.0150	100.00%	0.103	100.00%	0.50	100.00%	0.50
15********55	100.00%	0.109	84	0.0390	100.00%	0.103	100.00%	0.50	100.00%	0.50
15********14	100.00%	0.109	325	0.1560	100.00%	0.103	100.00%	0.50	100.00%	0.50
15********32	100.00%	0.109	59	0.0300	100.00%	0.103	55.97%	0.26	11.39%	0.05
16********387	62.03%	0.015	124	0.0680	0.00%	0.000	61.64%	0.30	62.03%	0.30
16********189	100.00%	0.109	33	0.0130	100.00%	0.103	100.00%	0.50	100.00%	0.50
16********246	100.00%	0.109	24	0.0124	100.00%	0.103	100.00%	0.50	100.00%	0.50
16********4	100.00%	0.109	22	0.1230	100.00%	0.103	100.00%	0.50	100.00%	0.50

图 7.32 学习行为分析过程部分数据得分计算图（截图 1）

L 信息获取能力	M 归一化权重	N 学习态度	O 归一化权重	P 学习动机	Q 归一化权重	R 自我效能感	S 归一化权重	T 求和	U 标准化 *100%	V 综合成绩	W 误差
100.00%	0.12	100.00%	0.53	100.00%	0.23	100.00%	0.120	1.810	90.5	95.1	4.600
96.00%	0.11	96.00%	0.52	98.11%	0.22	100.00%	0.120	1.650	82.5	87.44	4.940
100.00%	0.12	100.00%	0.53	100.00%	0.23	100.00%	0.120	1.830	91.5	98.33	6.830
100.00%	0.12	100.00%	0.53	100.00%	0.23	100.00%	0.120	1.820	91	98.95	7.950
100.00%	0.12	100.00%	0.53	100.00%	0.23	100.00%	0.120	1.812	90.6	99.05	8.450
100.00%	0.12	100.00%	0.53	55.97%	0.11	11.39%	0.013	1.673	83.67	81.64	-2.030
62.00%	0.062	62.00%	0.26	61.64%	0.30	62.03%	0.062	0.803	40.16	35.33	-4.830
100.00%	0.12	100.00%	0.53	100.00%	0.23	100.00%	0.120	1.612	80.6	83.77	3.170
100.00%	0.12	100.00%	0.53	100.00%	0.23	100.00%	0.120	1.812	90.6	98.14	7.540
100.00%	0.12	100.00%	0.53	100.00%	0.23	100.00%	0.120	1.790	89.5	96.39	6.890

图 7.33 学习行为分析过程部分数据得分计算图（截图 2）

求和是将所有与学习行为呈正相关的数据进行相加，再减去与学习行为呈负相关的数据；标准化是将学习行为归一化后的数据乘100；误差用来表示综合成绩与标准化成绩之间的差值。

笔者将学习平台最后的成绩和与标准化成绩进行对比，误差范围在10分以内的占80%。由此可知，通过线性加权综合法证明学习行为分析模型的构建在一定程度上是有效、合理的。

7.3　应用效果以及相关启示

前文已通过网络课程跟踪数据归纳总结了云南师范大学网络教学平台上学习者的学习行为特点与规律，发现了云南师范大学网络教学平台上学习者的学习行为方面存在的问题。笔者希望通过分析导致学习者产生不良学习行为问题的原因，优化云南师范大学网络教学平台上学习者的学习行为，进而提出优化在线学习行为的方法和建议。

7.3.1　对在线学习环境中的学习者学习评价以及干预

对基于学习者的学习行为进行聚类分析，可以促使学习者及时掌握自己的学习进度，并对自己的学习过程进行相应的调整。结合数据挖掘技术、行为科学理论以及"S-F-T"三维分类模型，对网络教学平台中的学习者的学习行为进行分析，能帮助学习者提高学习效率和学习质量。对学习行为的聚类分析结果，可以为学习者进行有效的学习提供合适的引导和干预。

基于在线学习环境，通过对平台上的学习者的内隐学习行为和外显学习行为进行相关分析，可以知道哪些内隐学习行为可以促进外显学习行为，从而为学习者进行有效学习提供建议。具体如下：学习者应该提高自己的信息获取能力，学会借助网络教学平台解决学习中遇到的问题；学习者在学习过程中应该加强自我管理，集中学习注意力,提高学习的自主性;学习者应提高自己对与学习无关事情的抵抗力,减少甚至控制学习过程中打游戏、听音乐、网上购物、上网浏览与学习无关的信息等现象的发生,从而提高学习效率;学习者要合理安排网络教学平台上的学习时间,有条理性地学习,并制订相应的学习计划。

对研究数据进行分析,笔者发现,在在线学习环境中,不同学习者的学习行为存在较大的差异,主要体现在以下几个方面。①不同学习者的课程页面访问次数存在较大差异。②个别学习者几乎没有浏览过网络教学平台上的课程视频。③不同学习者的作业完成度不尽相同。④不同学习者的章节测验完成度存在差异。⑤不同学习者的学习动机、学习态度、知识水平、自我效能感等也不同。

研究显示,多方面的原因造成了在线学习环境中学习者的学习行为出现差异。信息获取能力,学习的注意力、意志力、自主性,学习者的坚持和努力程度、自我调节、组织和管理学习,学习者学习的目的性、满意度以及自我效能感等,都是影响学习者能否进行有效学习的因素。

7.3.2　优化在线学习环境中教师的教学决策

对学习者的学习行为进行聚类,分析结果在一定程度上可以帮助教师实时了解学习者的学习进度以及学习状态,根据学习者的学习行为制定适合学习者的教学策略,改进教学资源以及教学方法。在在线学习中,教师虽然不再是传统课堂上的主体,但仍然是组织者,是在线学习环境中不可或缺的一员。教师主要负责对教学资源的组织和发布、在线答疑、适当地干预学习者。基于此,对学习者的学习行为的分析将为教师对学习行为的干预提供一定的依据。

根据在线学习行为与学习效果之间的关系,教师可以在教学过程中督促学习者进行多样化的课程操作,防止因课程内容的枯燥、乏味而造成学习者不愿意主动学习。针对网络教学平台上学习者提问次数较多或者讨论次数较多的现象,教师要及时对课程内容进行调整,并且要对学习者提出的问题进行即时的反馈和解答,引导学习者制订学习计划,使学习者坚持学完课程,增强学习者学习的目的性,提高课程学习的实用性。

7.3.3　为平台管理者的监控与管理提供有效的支持

平台管理者应加大对学习者学习的监控力度。通过调查得知，大多数学习者认为云南师范大学网络教学平台存在学习视频卡顿、学习过程中途中断、学习课程缺乏一定的趣味性、学习资源的连贯性不足等缺点。平台管理者不仅要注重对学习资源的整合，完善平台上的教学资源，而且要在提供优质的学习资源的基础上，为学习者在学习工具资源方面提供更多的帮助。同时，平台管理者应根据学习者的学习需求，提供相应的学习课程，针对学习者反馈的问题，及时做出相应的课程调整，建立多样化的学习资源库，提高学习者对云南师范大学网络教学平台的忠诚度。

平台管理者可以依据外显学习行为和内隐学习行为之间的关联，设计更加有效的考核机制，激发学习者的学习动机，增强学习者的学习自主性，为更好地促进学习者有效地学习提供支持和服务。

第 8 章

在线学习行为评价模型的构建

8.1 在线学习行为评价的构成要素

传统教学中的一些评价理论和原则同样适用于在线学习行为评价，不同的只是这些理论和原则被运用的方式（Alfred，2002）。因此，在构建在线学习行为评价模型时可以借鉴和运用已有的评价原理。本章阐述在线学习行为评价的构成要素。

8.1.1 评价目标

设定评价目标是评价的第一步，也是至关重要的一步，决定了整个评价的方向。若评价目标不明确，在进行评价的过程中容易盲目制订计划，迷失方向。评价内容、评价方法都是依据评价目标产生的，是评价目标的延伸和具体化。因此，在进行评价时要先确定评价目标。本次研究欲探寻在线学习过程中的学习行为与在线学习结束后考试成绩之间的关系，试图以量化数据的形式呈现在线学习者的学习过程，激发在线学习行为的发生。所以，本次研究将评价目标确定为激发在线学习行为发生。

对于这一目标，可以从四个方面进行理解：①激发在线学习课程视频观看行为的发生；②激发在线学习课程阅读行为的发生；③激发在线学习测试与练习行为的发生；④激发在线学习交流行为的发生。

8.1.2　评价原则

8.1.2.1　目的性与选择性原则

在线学习行为评价是对在线学习者学习活动的一种价值测评，在线学习中学习者的学习行为非常多，毫无目的地获取学习者的学习行为数据，并对其进行分析，毫无意义。因此，在线学习行为评价必须确立评价目标，有计划、有目的地实施，必须考虑在线学习过程中与评价目标有联系的各种学习行为，从中选择相关性较强的学习行为，将其作为评价对象。

8.1.2.2　科学性与教育性原则

科学性是指评价的指标、方式和程序等都必须是合理的，必须有一定的理论根据（郭熙汉等，2008）。在线学习行为评价中，学习行为维度的划分、评价模型的构建、评价指标的确定、数据的获取、数据分析方法的选择、算法的运用等方面都需要以相应的理论为指导，否则评价结果就没有意义了。教育性是指学习评价本身就是学习活动中不可缺少的一个环节，违反或缺少教育性的评价是不科学的，科学的评价本身就蕴含教育性，科学性与教育性密不可分。

8.1.2.3　多元化评价原则

在线学习过程中师生分离的特点，使得师生之间缺乏面对面的交流。因此，对在线学习中学习者学习行为的评价，不能够依靠单一维度的数据，而是应该注重评价内容多维度化、评价主体多元化、评价方法多样化。评价内容多维度化是指评价内容应包括学习者的知识与技能、过程与方法、情感态度与价值观等各个方面；评价主体多元化是指参与评价的人除了教师外，还可以包括学生群体、学生、学生家长、学习平台管理者等；评价方法多样化是指自评与互评相结合、质化与量化相结合、人工与机器相结合。

8.1.2.4　客观性与实践性原则

客观性是指在对学习者的学习行为进行评价时，评价者不能按照自己的主观臆断进行，更不能为了获得想要的结果而更改学习者的学习行为数据。只有确保评价的客观性，在线学习评价才是有意义的，才能起到应有的作用。实践性是指学习评价的方式、方法必须具有可操作性，要能够经得住实践的检验。

8.1.2.5　分析与综合相结合原则

在线学习评价是一个过程，在评价时既要分析学习过程中局部的效应和特征，又要在局部效应和特征的基础上做出综合评价。也就是说，既要注重阶段性评价，又要注重总结性评价，分析与综合相结合、局部评价与整体评价相结合。

8.1.2.6　反馈与调节原则

对学习者的评价不是最终目的，目的是通过分析得出结论，改善学习过程，促进学习者有效学习行为的发生，帮助教师和管理者调整教学设计和结构，从而改进教学。只有将学习评价的结果反馈给学习者、课程教师、学习平台管理者，才能够凸显其作用和意义。

8.1.3　评价类型

8.1.3.1　即时性评价

即时性评价是指在特定的环境下，对学生的行为表现给予即时鼓励、调控及引导的评价活动（郭熙汉等，2008）。心理学研究表明，在特定的情景下对学生的学习行为及时做出认可或者纠正的反馈，有利于学生及时进行自我肯定或纠正不良行为。尤其是当学生的行为得到认可后，其容易获得满足感，并保持良好的学习状态，学习更深层次的知识。在在线学习中，由于学生与教师的分离，即时性评价显得尤为重要。学生对着屏幕学习，除了需要课程自身吸引力较强、教师讲解风趣幽默以外，学生还需要情感上的交流，否则对着毫无情感、冷冰冰的屏幕在虚拟环境中学习，很容易中途走神或停学。因此，在在线学习中，教师应该及时地给予学习者即时性评价。即时性评价最大的特点是突出情境，应用的范围较为广泛，可以对学习者的学习方法、学习态度、学习过程和学习结果等做出评价。传统教学中，这种评价往往是通过教师的语言、表情等流露出来的。在在线学习中，即时性评价主要依托学习平台来完成，因此学习平台的设计尤为重要。目前，在线学习平台中，多以累计学分的方式做出即时性评价。当学生完成一个课时的学习、练习或者任务时，平台会给出相应的学分，给予学习者肯定。但这种方式过于单一，还值得深入研究以待发展。

即时性评价能够凸显特定情境，具有反馈及时、内容广泛、形式多样等特点，评价起点低、反馈快。在在线学习中，教师应充分将这些特点应用于对在线学习者学习行为的评价之中。

8.1.3.2　测验性评价

测验性评价是指借助一定的工具测试学习者对知识的掌握程度。它的特点是能够检验学习者的学业成绩，操作简单、容易实施，因此在我国教育教学中被广泛使用，我们最常用和最熟知的形式是考试。测验性评价一般能够检测出学生对知识的掌握情况，但不能够对学生的学习过程、学习态度、学习方法进行检测和分析。

在在线学习中，测验性评价必不可少。按内容多少，测验性评价可分为课堂检测、单元检测、期中检测、期末检测，以电子试题的形式呈现于课程视频、练习、考试之中。这些测验的成绩可以作为对学习者的在线学习行为进行评价的依据。

8.1.3.3　表现型评价

表现型评价在 20 世纪 90 年代兴起于美国，是在批判传统教学中的学业成就测验的基础上形成的一种新的教育评价方法，体现了对过程评价、质性评价、非学业成就评价的重视。它是指通过学生在完成任务过程中的表现，对学生的知识获取情况、技能掌握及发展水平做出价值判断，有时也称为"真实性评价""替代性评价"。它的特点是关注学习者在学习过程中的表现。

表现型评价与传统的测验性评价有所差异，具体表现在以下几个方面：首先，学生不是从给定的选项中找出唯一或最佳答案，而是自己创造答案或者用自己的行为表现来证明自己的学习过程和结果。其次，评价者必须通过观察或记录，掌握学习者的实际操作过程或学习成果。最后，学习者在实践操作中能够学习到知识和提升能力。它是一种综合性较强的评价方式，不仅能够评价学生对知识的掌握情况，还能够通过学生的表现，分析学生的学习态度、交流互动、价值观、创新能力、协作能力等。

在在线学习中，学习者对一门课程的学习往往需要一定的时间，虽然教师不能直接观察到学习者的学习表现，但学习平台能够记录整个学习过程中学习者的学习行为数据。研究者通过分析学习者的学习行为数据，可以判断学习者的学习表现。表现型评价注重对学习过程的评价，具有评价内容全面、评价方式多样、评价过程开放、评价标准多元的特点，这些特点贯穿于整个学习过程中。因此，表现型评价非常适合对在线学习行为的评价。

8.1.3.4　档案袋评价

档案袋评价最初是指摄影家、画家将自己有代表性的作品收集起来，希望以后可以展示的一种方法。20 世纪 80 年代，评价改革的思想兴起，这种方法被引入教育界。它的做法是将学生的作品（如作业、实验报告、活动表现、方案、反思、照片）汇集起来作为样本，目的是记录学生的学习，展示学生的进步状况。这是一种在 20 世纪 80 年代兴起的发展性评价方法，其特点是记录学生的成长足迹。它以学生的成长为主线，由教师和学生共同决定将学生的某些作品放入档案袋中，将其作为学生学习的证据，最后根据一定的评价目的，对档案袋中的材料进行分析与判断，得出对学生在这一学习期间的行为表现和学习结果的评价。档案袋评价的特点如下：第一，收集的材料是学生的作品，且内容并不是随意确定的，而是依据教学目标确定的；第二，评价内容包括学生的学习过程、学习方法、学习态度和情感；第三，创建和使用者均是学生。

如今的在线学习平台和互联网就是一个巨大的档案袋。平台设计者依据一定的教学目标设计出的学习平台可以收集学生在在线学习过程中的学习表现、作业成绩、作品展示、交流信息等，学习分析者利用这些信息分析学习者的学习过程、学习方法、学习态度和情感。与档案袋评价相比，在线学习评价的区别在于：第一，在材料的收集上，学习平台往往致力于使用各种算法和技术记录学习者与学习相关的数据，数据越多越好，数据往往由分析者、评价者依据一定的评价目标选取；第二，在记录的内容上，档案袋内容由教师与学生共同确定，在线学习平台收集的数据由平台设计者和用户决定；第三，档案袋的内容是现实存在的，在线学习记录的学习数据是虚拟的。虽然两者在材料的收集、内容、方式上有一定的差异，但实质上却是殊途同归，最终目的都是依据一定的教学目标，运用记录的材料和信息进行分析，从而了解学生的学习状况和学习表现。档案袋评价的思想可以被引入在线学习的评价中，从一定程度上说，在线学习评价是对档案袋评价的引申。

综上所述，目前在线学习行为评价中常用的评价类型有测验性评价、表现型评价和档案袋评价。即时性评价虽然很重要，但在在线学习中，师生分离的原因限制了即时性评价的实施，目前，一些在线学习平台通过在课堂中穿插练习题和以积分的形式给予学习者及时反馈。结合以上四种评价类型的特点，表现型评价的综合性较强，其结合了测验性评价和档案袋评价的特点，因此本次研究采用表现型评价构建在线学习行为评价模型，并验证其有效性。

8.1.4 评价主体

在传统学习中，评价主体往往是教师。新课程改革以后，人们对评价主体有了新的认识，主张评价主体多元化。前文中也提到了评价多元化的原则，评价主体包括教师、学习者、学习同伴、平台管理者、家长。

在在线学习中，教师是课程、作业、练习的发布者以及整个课程的设计者。在所有的评价主体中，教师是最具有权威性和资格的评价者，教师给予学习者适当的评价，能够激发学习者学习的积极性。目前，在在线学习中，教师评价主要涉及对学习者作业和考试的评价。

学习同伴评价即学习者互评，主要的表现形式是在线学习者之间相互评价作业和帖子。

平台管理者和家长的评价在实际的在线学习中运用很少。平台管理人员主要是在在线学习者遇到登录或操作问题时给予解答和帮助。在大学生在线学习中，家长几乎不参与，因此本次研究对其不做考虑。

本次研究以研究者的角度，对学习者的在线学习行为进行评价，以期对平台管理者、教师提出评价建议。

8.1.5 评价方法

评价的分类方法多种多样，各种分类的评价标准也有所差异（郭熙汉等，2008），具体的评价方法分类如表 8.1 所示。

表 8.1 列出了按照不同的依据进行分类后对应的评价方法，本次研究采用定性经验评价与定量分析评价相结合的方法。具体步骤如下：首先，采用文献分析法划分在线学习行为评价维度，构建在线学习行为评价的理论模型；其次，为了验证模

型的可用性，采用线性和非线性两个建模方向构建在线学习行为评价的数学模型，具体采用的方法有等级法、相关分析法、综合评判法；最后，结合网络教学平台的数据，验证理论模型和数学模型的有效性。笔者应用云南师范大学网络教学平台，全程跟踪、记录学习者的学习行为，运用数学统计知识和工具处理数据，构建在线学习行为评价模型，并验证模型的有效性。

表 8.1　评价方法分类

分类依据	类别	分类方法举例、说明
评价的性质	定性经验评价法	等级法、评语法、分析法
	定量分析评价法	相关分析法、多元分析法、统计检验法、回归分析法、模型识别法、综合评判法
评价的标准	绝对性标准评价法	将每一个被评价对象和客观标准进行比较
	相对性标准评价法	将每一个被评价对象与一个或若干个基准进行比较
	个体内差异评价法	将每一个被评价对象的过去的水平和现在的水平进行比较
评价的作用	定位性评价法	对已有条件和预期目标进行预备性评价
	诊断性评价法	对每一环节的实际水平做出评价
	形成性评价法	对局部目标进行评价
	总结性评价法	学习结束后，对学习过程进行评价
被评价对象的变量关系	被评价对象的整体水平评价	集中趋势、离散趋势、差异分析
	被评价对象的相对水平评价	独立总体和相关总体的差异分析
	被评价对象的特殊相关评价	列联表检验、回归分析、等级相关分析、方差分析
	被评价对象专项差异评价	符号检验、符号秩检验、秩和检验、累计频次检验、游程检验、S-P 表（student--problem score table）检验、单向和双向秩方差分析

8.2　在线学习行为评价流程

教学评价应按照科学的工作流程开展，要体现一定的专业性和技术性，如此才能保证教学评价的质量。从教学活动角度而言，教学评价在宏观上分为计划、过程、成果三个阶段（李慧燕，2013），将教学评价放在教学活动中，因此三个阶段也可以说成"教学活动前—教学活动中—教学活动后"。在评价前，制定评价的目标、方案、方法等；在评价时，收集信息资料并采用有效的方案评价；在评价后，得出相应的报告并反馈给学生。

　　胡艺龄等（2014）在研究中指明了在线学习行为分析的一般流程，即数据、机制、结果三个阶段。数据包含了由学习者产生或与学习者相关联的数据组成的行为特征库；机制即分析的方法，包括及时反馈和预测；结果就是将分析结果反馈给学生、教师、家长、平台管理者。

　　教学评价的一般程序可用于在线学习行为评价宏观方面的阶段划分，在线学习行为分析的一般流程可用于在线学习行为评价微观方面的具体实施。据此，笔者将在线学习行为评价流程分为预备、实施、结果三个阶段。结合8.1节在线学习行为评价的构成要素，可以得到在线学习行为评价的具体流程图（图8.1）。

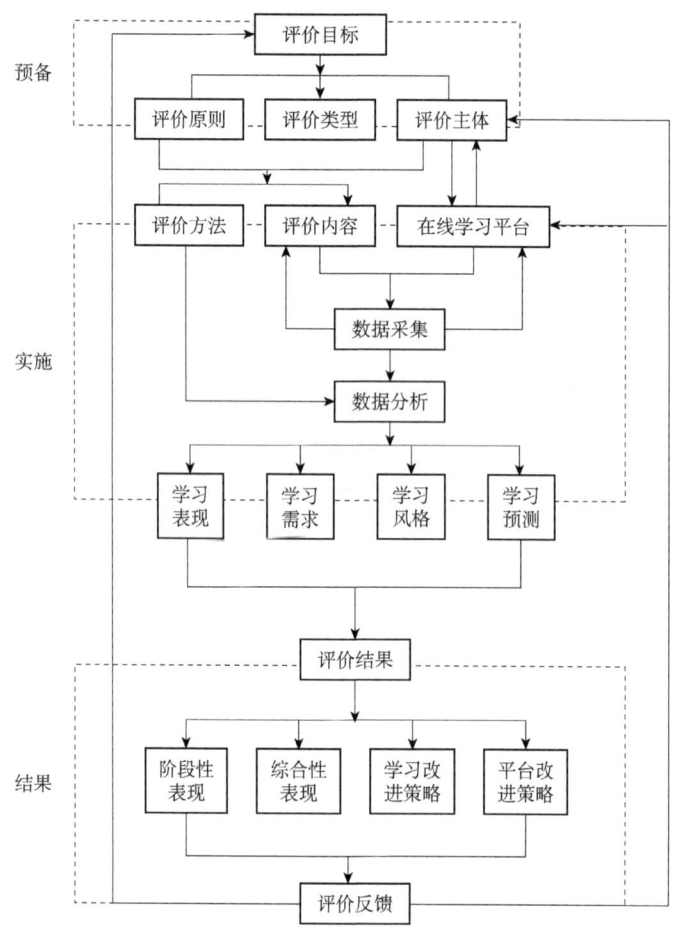

图 8.1　在线学习行为评价流程图

8.2.1　预备阶段

预备阶段主要包括评价目标、评价原则、评价类型、评价主体四个部分。首先，在评价开始前，需要确定明确的评价目标，评价目标决定了评价内容和评价方法。在这四个要素中，评价目标居于主导地位，其余三个要素起到承上启下的作用。一方面，对评价原则、评价类型、评价主体三个方面的分析可以为实现评价目标做铺垫；另一方面，要实现评价目标，关键是要确定评价内容和评价方法，评价原则、评价类型和评价主体三个方面的分析对于评价内容和评价方法的确定具有一定的导向作用。总而言之，预备阶段可以为评价内容的确定和评价方法的选择做准备。

8.2.2　实施阶段

实施阶段包括评价内容、评价方法、数据采集、数据分析四个部分。

对预备阶段的评价目标进行细化，可结合在线学习的特点，确定评价方法和评价内容。我们采用维度划分的方法，首先确定评价内容的一级指标，再依据评价原则和评价类型将一级指标分解为二级指标、三级指标等，最后采用合理的方法确定各个指标的权重，即可得出评价指标体系。整个评价指标体系就确定了评价内容。

数据可依据评价指标体系进行收集。若在线学习平台不能够记录到所需要的各级指标体系的数据，那么平台管理和开发人员将进一步完善在线学习平台的功能，直至能够采集到预期的数据。

数据分析主要是将采集到的数据按照预期的分析机制和评价方法进行处理，为评价结果的呈现做准备。在在线学习行为分析中，常见的分析类型有学习表现分析、学习需求分析、学习风格分析和学习预测分析。常用的数据处理软件有 SPSS、SAS、JMP、Excel 等。

8.2.3　结果阶段

结果阶段包括评价结果、评价反馈。本次研究将在线学习的评价结果分为四种：一是学习者在短期内的学习表现；二是学习者在整个学习过程中的综合表现；

三是对学习者的学习策略进行改进；四是对学习平台提出改进意见。评价反馈就是将这四种结果反馈给学习者、教师、平台管理者。

三个阶段是一个相互循环的过程，评价结果能够反馈到实施阶段和预备阶段。在此过程中，当发现有问题时，评价人员可以随时返回上一阶段修改。

8.3   在线学习行为评价维度

在线学习行为评价模型的构建，首要部分就是评价维度的划分，评价维度划分不同，构建的模型也不一样。构建模型常用的方法有两种：类比法和假设法。前者是基于已有的模型来推测出另一个模型；后者是根据对研究对象的科学认识和经验，提出推理假设来构建模型。本次研究结合两种方法的优势，从布鲁姆的认知过程、新课程三维目标 KAPO（knowledge and skills，emotional attitude and values，process and method，teaching object）模型和已有的在线学习行为评价维度出发，结合笔者对在线学习行为评价的认识，划分在线学习行为评价维度。

8.3.1   布鲁姆的认知过程

布鲁姆认为认知过程从简单到复杂，从具体到抽象，分为记忆、理解、应用、分析、评价、创造六个层次（表 8.2）（L. W. 安德森等，2008）。布鲁姆的认知过程体现了学生的认知参与层次与由低级到高级、由简单到复杂，以及思维由低阶到高阶的特点。

表 8.2   布鲁姆的认知过程

记忆过程	定义
记忆	从长时记忆中提取的相关信息，是对先前所学内容（具体知识、抽象知识、方法、过程、理论）的提取和辨认
理解	是对事物的领会，从教学内容中进行意义建构，在所学新知识和原有知识之间建立联系

续表

记忆过程	定义
应用	在给定的情景中执行或使用程序，运用不同的程序去解决问题，与过程性知识密切相关
分析	分析复杂的知识，理解各部分之间的联系，确定部分知识与整体知识之间的相互联系
评价	基于准则和标准做出判断，依据内、外在标准对所学知识进行价值判断
创造	将各要素组合成一致或者功能性整体，将要素重新组织成新的模式或结构

在在线学习中，学习者的投入程度决定了其认知层次。布鲁姆提出的认知参与维度能够清晰地将学习者的学习参与程度区别开来。在在线学习评价中，需要将不同学习者的表现区别开来。因此，在线学习行为评价模型的构建可借助此认知过程来完成。

8.3.2　三维目标 KAPO 模型

为了解决认知教育与情感教育相分离的问题，三维目标 KAPO 模型建立了知识与技能、过程与方法、情感态度与价值观的三维目标体系（李亦菲，朱小蔓，2010）。

知识与技能目标包括了学科知识和学科技能，具体来说包括客观事物的特点及关系的事实、概念、原理和操纵事物的方法。知识与技能目标主要涉及学生对课程内容的掌握情况。

过程与方法目标具体包含哪些内容，研究者的争议比较大，教师也感到很困惑，目前还没有统一的定义。李亦菲等（2010）将其定义为一般的、通用于多个学科的操作程序和思想方法。从这个定义来看，它包含两方面的内容：一是行为层面，即学习时的具体操作和学习内容的加工；二是观念层面，即学习时采用的方法、思想和解决问题的办法。笔者认为可以简单叙述为学习的具体操作和策略。

情感态度与价值观包括学习兴趣、学习态度、生活态度、价值判断、行为习惯等。朱小蔓（2007）在《情感教育论纲》中，依据个体与世界的关系的五个方面建立了情感教育的目标，这五个方面是人与自然、人与社会、人与他人、人与操作对象以及人与自己。李亦菲等（2010）构建了情感态度与价值观目标的"对象-内容"两维分析框架（表8.3）。

表8.3　情感态度与价值观目标的"对象-内容"两维分析框架

对象	情绪/情感	价值判断	行为倾向
自然对象	好奇求知	崇尚自然	保护环境、珍爱生命
人造事物	快乐惬意	崇尚文明	爱护器物、传承文化
他人	热情乐观	尊重差异	乐群合作、宽容礼让
社会（国家）	热爱祖国	尊重制度	敬业尽职、遵纪守法
自我	珍惜生命	自尊自信	谦虚平和、独立自主
过程和方法	积极进取	崇尚科学	严谨求实、勇于创新

不仅如此，朱小蔓（2007）在基于三维目标的概念辨析的基础上，将教学事件与三维目标进行整合，构建了 KAPO 模型，认为每个教学事件都应该与三维目标进行整合（图8.2）。

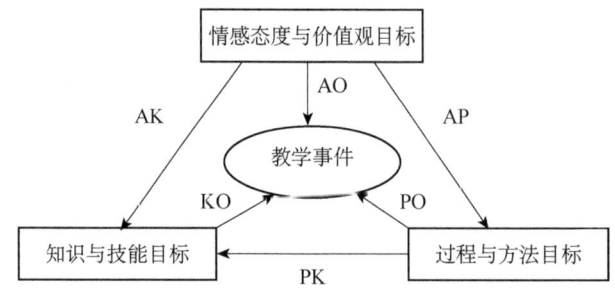

图 8.2　教学事件与三维目标整合的 KAPO 模型

8.3.3　已有的在线学习行为评价维度

余胜泉（2003）认为对学习者的过程性评价可从五个维度进行：交互程度（发帖数、发言数）、答疑情况（提问数、浏览问题数）、资源利用情况（课程浏览次数、学习时间）、作业、考试。

张生等（2007）将在线学习中的评价指标体系分为四个类别：①学习类，包含登录次数、阅读时间、浏览程度等；②互动类，包含提问、回复、在线讨论等；③成果类，包含作业、章节测验和考试等；④评价类，包含参与评价时间、持续时间等。

刘革平（2005）从远程学习的要素出发，从学习态度（作业完成情况、课程学习情况）、学习方法（媒体选择、学习方法选择）、学习过程（提问和回答次数）三个方面对远程学习的学生进行了评价。

李红梅（2008）从如何促进学习者学习的角度对在线学习进行了评价，依据促进学习者学习方面的不同，将学习行为划分为参与度（在线交流、小组活动、自评互评）、表现度（作业、测试、发言质量）、贡献度（资源上传、对小组学习的贡献）三个维度。

豆艳艳（2012）从学习时间、学习内容（计划、笔记）、学习交互（浏览、讨论、提问）、学习效果（作业、作品）四个方面对在线学习行为进行了评价。

魏顺平（2011）利用 Moodle 平台在线培训的日志数据，采用层次分析法，将在线学习评价维度分为两大类：投入情况（时间出勤率、活动参与率、活动参与及时性）和产出情况（活动频次、论坛发帖、小论文、大论文）。

8.3.4　在线学习行为评价维度划分

通过以上分析可以看出，在线学习评价维度的划分是基于一定的类目，将在线学习行为进行归类。一个好的维度划分，具有类目划分简单、易懂且没有交集、不重复的特点。

布鲁姆的认知过程将学生的思维水平分为六个维度，分类层次清晰，无重复，且在教育领域已得到公认，具有较大的影响力。三维目标 KAPO 模型分类简单、易懂，而且分类比较全面，其中，知识与技能、过程与方法、情感态度与价值观的划分方式虽然和布鲁姆的认知领域、操作技能领域、情感领域三个领域划分有相似之处，但又有其独特之处和突破。再加上与教学事件进行整合，形成了 KAPO 模型，其认可度也比较高，我国自 1990 年课程改革以来均以此作为培养学生的目标。但在实际运用中，过程与方法、情感态度与价值观两个维度也备受争议，一方面在于教师对其含义的理解不够，另一方面则在于对这两个目标具体的评价有一定的难度，对评价标准和评价内容很难把握。

在在线学习中，由于师生分离，过程与方法、情感态度与价值观两个目标更加难以把握。因此，在在线学习评价中，不能直接采用以上两种划分维度。结合布鲁姆对认知领域的划分、KAPO 三维目标模型和已有的在线学习行为评价维度的划分，考虑评价目标的可操作性，笔者从在线学习过程中知识获得方式的角度出发，将在线学习行为划分为知识获取、协作交流、学习态度三个维度（图 8.3）。

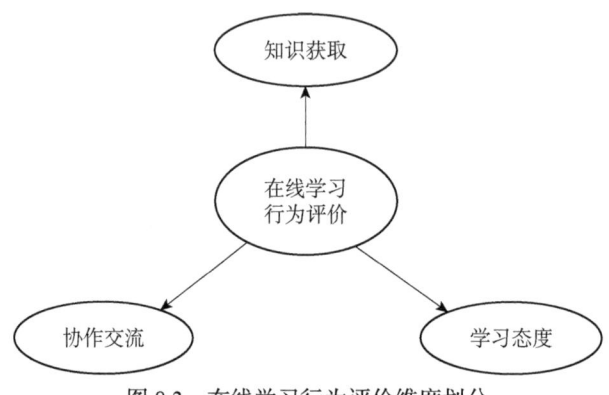

图 8.3　在线学习行为评价维度划分

8.3.4.1　知识获取维度

一般认为，知识是人脑对客观事物的属性与联系的反映，是人对客观世界认识的成果，包括事实、信息的描述或在教育中获得的技能。认知心理学将知识分为陈述性知识和程序性知识。陈述性知识也被称为描述性知识，指描述客观事物的特点和关系的知识，它回答了事物"是什么""怎么样"的问题；程序性知识是指完成某件事的操作过程或规则，是有关做事的步骤和方法的知识，它回答了"如何做"的问题。在在线学习中，笔者将知识规定为在线学习课程中的知识与技能，学习渠道主要是在线学习平台。当然，由于在线课程的多样性，课程类别五花八门，课程内容丰富多彩，课程的形式包括文字、音频、视频、直播等多种形式，总的来说，通过在线学习平台学到的知识也包括陈述性知识和程序性知识。

在人工智能和知识工程系统中，知识获取是指机器如何获取知识，包括人工让机器获取知识和机器自动或半自动获取知识，从专家或其他专门知识来源汲取知识的过程或技术（图 8.4）（袁国铭等，2011）。

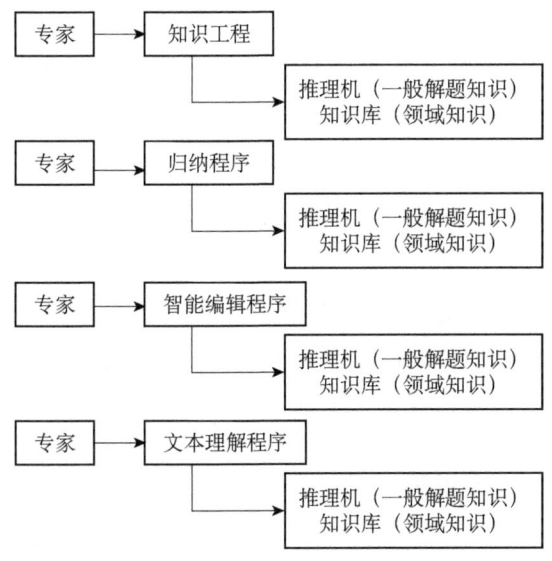

图 8.4　专家知识获取的方式

　　本次研究中的知识获取（图 8.5）并非指人工智能中的机器获取知识，而是指在线学习环境中学习者学习课程内容获得相应的知识与技能的过程。此处在线学习环境指在线学习平台，获取知识的方式也局限于在线学习平台中，知识源是教师准备好后放到平台中的学习资料（包括文字、图片、音频、视频、直播等）。

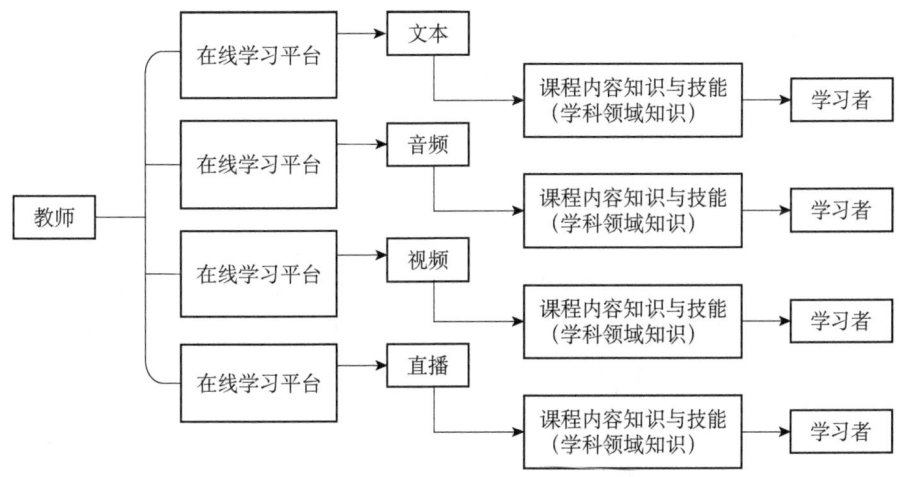

图 8.5　在线学习中知识获取的方式

从图 8.5 可以看出，在在线学习环境中，知识主要以文本、音频、视频、直播的形式传送给学习者。目前，在在线学习平台中，文本形式的知识有阅读资料、作业、测验等；音频形式的知识有听力材料；视频形式的知识包括文本和音频形式知识的结合，也是目前在线学习平台中知识存在的主要形式；直播是近年来刚刚发展起来的一种在线学习形式。

笔者认为，在线学习者获取知识的主要方式是观看视频、阅读、测验等。虽然通过在线交流、提问的方式亦可获得知识，但在本维度中，笔者特意规定知识获取只考虑知识获得的主要形式。相比通过观看视频、阅读和测验获得的知识量，通过协作交流的方式获得的知识量相对较少，而协作交流更能体现学习者的交流沟通、合作的能力，因此将其放到另一个维度。

8.3.4.2　协作交流维度

自实施新课程改革以来，我国特别注重学生的全面发展，因此在教学评价中特别强调多元化评价原则。在在线学习评价中，同样需遵守相应的评价原则。知识获取维度主要考查在线学习者掌握知识的能力，而协作交流维度则注重考查学习者协作交流的行为。相对于传统课堂中师生的交流，在在线学习中，由于师生分离，学习者与教师的交流较少，因此教师更应该注重促进学习者交流能力的发展。

在本次研究中，对于在线学习者的协作交流能力，主要从以下几点分析：①能否向教师、同伴提出自己的疑问；②能否提出发起讨论的话题；③当同伴、教师提出发起讨论的话题或疑问时，能否积极参与讨论。

8.3.4.3　学习态度维度

无论是在传统教学还是在线学习中，学习态度的重要程度都不言而喻，此处不再赘述。现有的在线学习行为维度划分中，许多学者也提出了学习态度维度，笔者再次提出，是因为此维度与前两个维度密不可分。如果说前两个维度分别考查了学习者的知识能力、交流协作能力，那么这一维度则是考查学习者对于在线学习的认真程度，主要是从学习的数量而不是学习的效果进行考查。

学习态度维度可以包含课程页面访问次数、完成测验和作业的次数、有无不良刷课记录等。

8.4 在线学习行为评价模型

8.4.1 在线学习行为评价指标

评价指标是对在线学习行为进行评价的必要条件，没有适当的、科学的评价指标，就无法进行科学的评价。评价指标反映了总体评价目标和各个指标之间的关系以及各指标的重要程度。

评价指标的建立需要满足明确性、完备性、独立性和可行性。一个完整的评价指标体系的构建包括评价指标分解、评价标准制定、权重设置三个步骤。本次研究也不例外，同样按照这三个步骤设计评价指标体系，但为了说明权重设置的合理性，将在第 9 章阐述权重问题，本章主要介绍评价指标和评价标准。

评价指标体系的一般构建方法，是将教学目标分解为一系列具体的、可测量的目标。这些目标即评价指标项，它们能够反映教学目标的某一个方面。所有评价指标项集合在一起，就构成了评价指标体系。

郭熙汉等（2008）编著的《教学评价与测量》给出了一个具体的指标体系（图 8.6）。

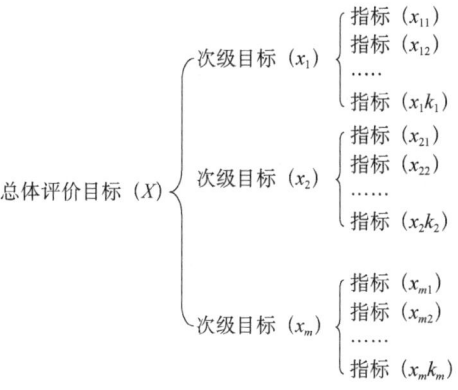

图 8.6 指标体系图

学习评价是一项复杂的、涉及众多因素的系统工程，涉及环境条件、评价对象、评价主体、评价标准、评价目的、评价背景、评价方法等。本节只针对在线学习环境中学习者的学习过程进行评价。

在前文对在线学习行为评价维度的划分中，我们将在线学习行为过程分为三个维度，三个维度紧扣在线学习过程，与评价目标保持一致，分类清楚，能够反映总体评价目标。经过特别说明之后，对于每个维度，我们都从不同的角度来评价，并且有相对独立性。此外，三个维度具有可测性。因此，可以将知识获取、协作交流、学习态度作为在线学习评价指标体系的一级指标。

如图 8.6 所示，二级指标应该由一级指标分解得到。依据图 8.7，我们经过与教师、学生讨论，将 3 个一级指标进行分解，各自包含 3 个二级指标，整理得出在线学习行为评价的二级指标结构（图 8.7）。

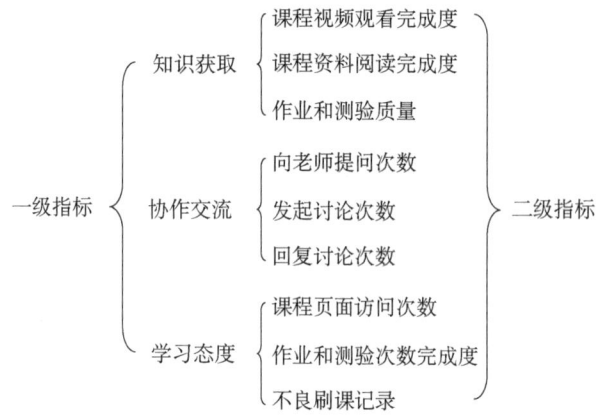

图 8.7　在线学习行为评价的二级指标结构图

8.4.2　在线学习行为评价指标标准

以上虽然依据划分维度分解出二级指标，但在在线学习行为评价中，评价指标要有相应的指标说明和评价准则。在在线学习中，由于师生分离，教师无法直接观测或者掌握学习者的学习情况，学习过程比较抽象，因此需要相应地说明每一个指标评价的方向、尺度及要求，即说明在线学习行为评价标准。依据在线学习行为评价二级指标结构，我们得出了在线学习行为评价标准（表 8.4）。

表 8.4 在线学习行为评价标准

评价指标		指标说明	评价准则
一级指标	二级指标		
知识获取	课程视频观看完成度	学生观看本课程视频的时长除以该课程视频原有时长所得数值（考虑到不同课程视频时长不一致）	100%表示观看完视频，0 表示未观看
	课程资料阅读完成度	学生是否阅读了课程资料	100%表示阅读完资料，0 表示未阅读
	作业和测验质量	学生完成作业和测验的分数	百分制
协作交流	向老师提问次数	学生在线向教师提问的次数	1 条记录为 1 次
	发起讨论次数	学生发出帖子引起讨论的次数	1 条记录为 1 次
	回复讨论次数	学生回复老师、同学发出讨论的次数	1 条记录为 1 次
学习态度	课程页面访问次数	学生访问课程视频、资料页面的次数	1 条记录为 1 次
	作业和测验次数完成度	学生完成作业和测验的次数	以课程安排的作业和测验次数为基准
	不良刷课记录	记录为"有"或"无"	异常操作

8.4.3 在线学习行为评价框架结构

基于以上分析，将在线学习行为评价指标加入在线学习行为评价流程图中，即可构建出在线学习行为评价框架结构图（图 8.8）。限于时间和精力，我们主要对学习表现的评价进行了研究，将流程图中各部分内容具体化，归纳整理后得到此在线学习行为评价框架结构。

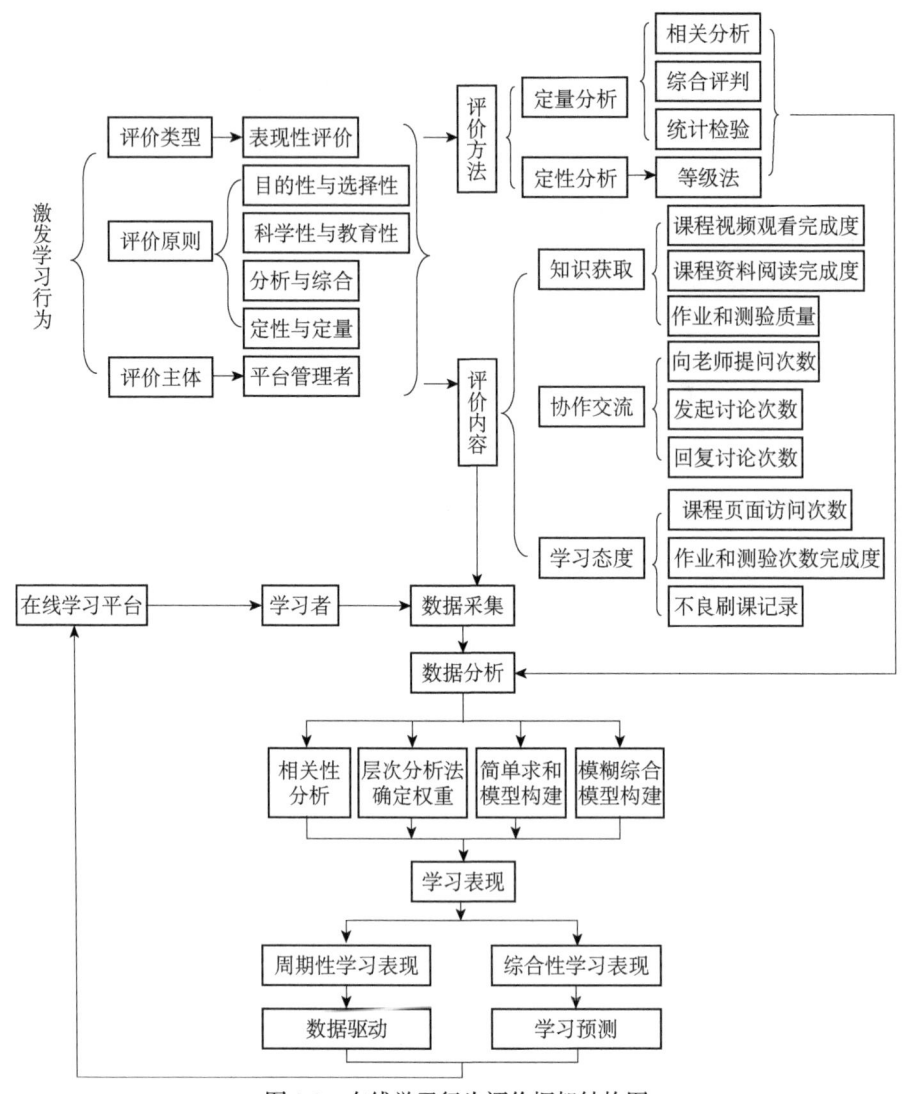

图 8.8 在线学习行为评价框架结构图

8.4.4 在线学习者学习行为评价模型

在线学习是在网络构建的虚拟学习环境中进行的学习，学习环境与现实教学课堂千差万别，因此在线学习的评价与现实课堂中的教学评价也有所差别。基于以上对在线学习及学习者特点的分析，以及对在线学习评价原则和类型的阐述，本次研究试图设计出一个在线学习行为评价模型。虽然学习者特征分析和在线学习的特点分析是针对普遍学习者所做的共性分析，在线学习行为评价模型不可能适用于每一个在线学习者，但基于上述分析设计针对大学生的在线学习评价一般性通用模型，具有一定的可行性。

根据以上对在线学习行为的评价要素、评价流程的分析，结合评价内容维度的划分以及评价指标的确定，可以构建出在线学习行为评价模型（图 8.9）。

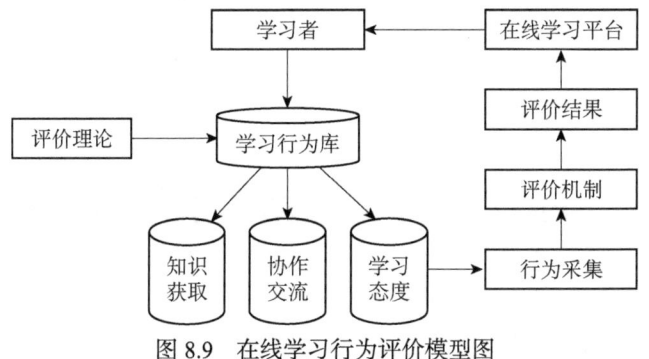

图 8.9　在线学习行为评价模型图

第 9 章

在线学习行为评价模型的实现

9.1 在线学习行为数据的采集和预处理

9.1.1 数据采集的方法

目前学习行为数据采集的方法分为两种类型：一是通过人工进行问卷调查、访谈等获取数据；二是通过计算机技术实现对学习行为的记录，如日志访问法、网络嗅探法、基于 Web 服务的方法等（黎孟雄，2007）。本次研究利用现有学习平台，登录到学习平台后台，利用平台数据库中记录的数据进行研究。数据采集实现的方法不作为重点研究对象，在此不再赘述。

9.1.2 数据采集过程

本书选用云南师范大学网络教学平台进行研究。该平台已使用多年，每学期均开设 100 多门课程，每年注册人数超过 1 万人，年访问量达 8 亿次。为了验证上一章提出的在线学习行为评价模型的正确性，本次研究从 2017 年下半学年开设的 159 门课程中随机选取 20 门课程的数据进行分析。

根据云南师范大学网络教学平台的实际使用情况，采用学期归档的方法，每一学期结束后，对本学期的课程进行归档处理，课程归档后将不能查看本课

程学生的在线学习行为数据。2017 年下半年，大部分在线课程开课时间为 2017
年 9 月 18 日，课程考试结束时间为 2017 年 12 月 10 日。本次研究采集了 2017
年 9 月 18 日至 2017 年 12 月 10 日参与在线课程学习的学习者的学习行为数
据进行研究。

为了得到在线学习行为数据模型所需数据，挖掘学习行为数据时，我们提取了
在线学习平台的课程统计、学习统计、访问量统计、答疑统计四个功能模块的数
据，并将四个模块的后台数据与评价模型的三个维度相对应。

9.1.3 数据预处理

在在线学习平台中，可通过后台接口下载日志，下载后的日志为 Excel 形
式，其中包含一些无用信息，如课程号、院系、专业、手机号等基本信息以及
一些学习数据全部为 0 的学习者的信息。删除这些信息后，将一些零散分布的
数据加以统计整理（图 9.1）。考虑到学生隐私问题，此处用学习者学号代替姓
名，并将学号中间的数字隐去。

	C	D	E	F	G	H	I	J	K	L	M
1	学号	课程视频观看完成度	课程资料阅读完成度	作业和测验质量	向老师提问次数	发起讨论次数	回复讨论次数	课程页面访问次数	作业和测验次数完成度	不良刷课记录	期末考试成绩
2	13*****71	100.77%	100%	99.71	0	0	0	73	100.00%	0	100
3	13*****75	100.16%	100%	99.35	0	0	0	10	100.00%	0	100
4	13*****99	106.23%	100%	35.82	0	0	0	13	85.51%	-1	98
5	13*****05	95.81%	100%	99.06	0	0	0	94	100.00%	0	100
6	14*********58	107.58%	100%	100.00	0	0	0	170	100.00%	0	100
7	14*********72	99.30%	100%	99.03	0	0	0	85	100.00%	0	100
8	14*********78	98.98%	100%	99.35	0	0	0	19	100.00%	0	100
9	14*********84	97.11%	100%	98.99	0	0	0	13	100.00%	-1	99
10	14*********41	118.86%	100%	97.27	0	0	0	40	100.00%	0	96

图 9.1　数据预处理部分展示（截图）

在平台日志中，学习者的学习行为分布散乱，因此需要对导出的数据加以整
理。课程视频观看和课程资料阅读以时长为单位，但由于本次研究选取了多门课程
进行研究，每一门课程的章节数和时长有所差异，为了计算和统计方便，采用完成
度来表示。课程视频观看完成度表示学习者观看本课程视频的时长占本课程原有
视频时长的比例，图 9.1 中课程视频观看完成度超过 100% 的数据表示学习者视频

观看时长比原有时长要长。作业和测验次数完成度表示学习者完成作业和测验的次数占教师发布的作业和测验总次数的比例。作业和测验质量表示学习者完成作业和测验的分数的平均值。

9.2　在线学习行为与学习成绩相关分析

笔者应用 Excel 对采集到的数据进行初步统计处理后，首先对各在线学习行为与学习成绩的相关性进行分析。本节采用 SPSS 中双变量相关分析的统计方法对3146 组数据进行分析。变量间的相关程度的大小用相关系数来度量。

9.2.1　各评价指标与学习成绩的相关性

为了确定评价指标权重和设计评价数据模型，将各个学习行为的数据导入SPSS，分析其与期末考试成绩的相关性（表 9.1）。

表 9.1　各评价指标与期末考试成绩的相关性（ N=3146 ）

评价指标	期末考试成绩	
	r	p
课程视频观看完成度	0.588**	0.000
课程资料阅读完成度	0.579**	0.000
作业和测验质量	0.689**	0.000
向老师提问次数	−0.056**	0.001
发起讨论次数	0.012	0.252
回复讨论次数	0.025	0.079
课程页面访问次数	0.189**	0.000
作业和测验次数完成度	0.719**	0.000
不良刷课记录	0.086**	0.000

通过分析表 9.1 的数据，我们可以得出如下结论。

第一，课程视频观看完成度、作业和测验质量、课程资料阅读完成度、课程页面访问次数、作业和测验次数完成度等均与期末考试成绩呈高度正相关，并且相关性是显著的。其中，与期末考试成绩相关度最高的是作业和测验次数完成度，相关系数为 0.719。

第二，向老师提问次数与期末考试成绩呈负相关，并且相关性是显著的，相关系数为–0.056。不良刷课记录与期末考试成绩呈正相关，并且相关性是显著的，相关系数为 0.086。

第三，发起讨论次数、回复讨论次数与期末考试成绩的相关性不显著，相关系数分别为 0.012 和 0.025。

9.2.2　交流内容分析

上一节中，我们分别分析了 9 种在线学习行为与期末考试成绩的相关性，从分析结果可以看出，有 7 种在线学习行为与期末考试成绩的相关性显著，与常理相符合。在不良刷课记录数据中，平台以"是"和"否"记录数据，笔者在数据预处理时用"0"表示没有不良刷课记录，用"–1"表示有不良刷课记录，因此，不良刷课记录与期末考试成绩呈正相关符合常理。唯独向老师提问次数与期末考试成绩呈负相关，表示在线学习中向老师提问次数越多，成绩越低，这与常理相悖。另外，发起讨论次数和回复讨论次数与期末考试成绩均无显著关系，这与传统课堂教学不相符。为了探究其原因，本节对向老师提问、发起讨论、回复讨论的具体内容进行分析。

在本次研究选取的 20 门通识课程中，共有 3146 人次的在线学习行为记录，向老师提问、发起讨论和回复讨论的人次分别为 19 人、374 人和 125 人，分别占总人次的 1%、12% 和 4%（图 9.2～图 9.4）。其中，向老师提问次数合计 26 次，发起讨论次数合计 680 次，回复讨论次数合计 192 次，所占比例分别为 3%、76%、21%（图 9.5）。

从图 9.2～图 9.5 可以看出，本次研究选取的学习者中，只有极少部分学习者参与向老师提问、发起讨论和回复讨论，其中参与最多的是发起讨论的行为，但也只达到了 76%，由此可以从数量上解释这三种行为与期末考试成绩相关性不高的原因，但这并不能解释向老师提问次数与期末考试成绩呈现负相关的原因。为了探究其原因，我们提取了学习者向老师提问的具体内容的数据（图 9.6）。为了保护学习者的隐私，此处将咨询人（学习者）名字隐去。

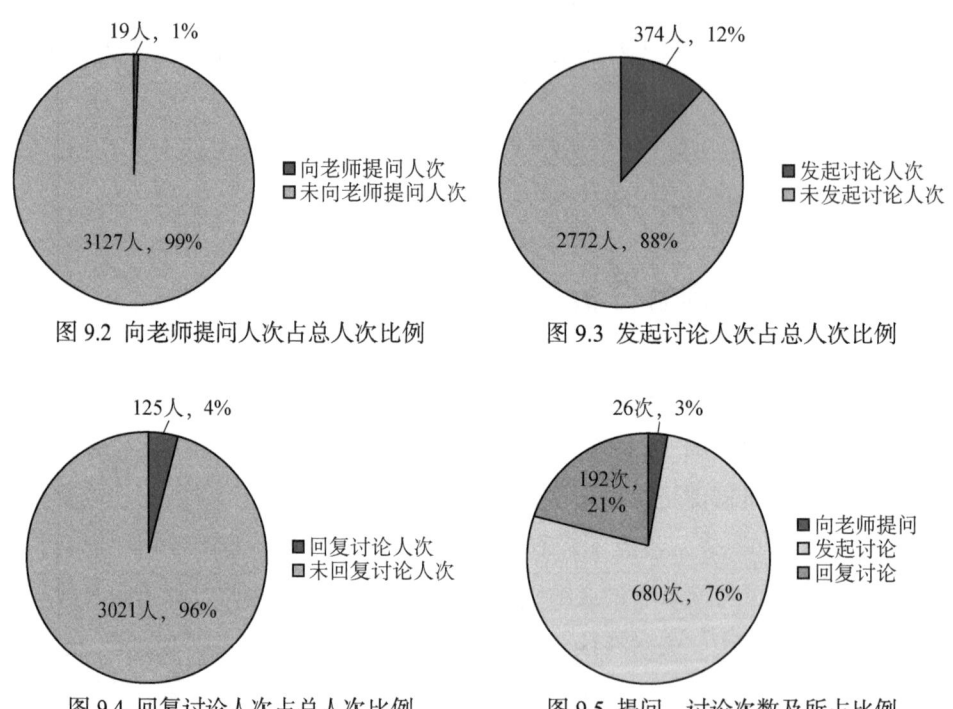

图 9.2　向老师提问人次占总人次比例　　　图 9.3　发起讨论人次占总人次比例

图 9.4　回复讨论人次占总人次比例　　　图 9.5　提问、讨论次数及所占比例

图 9.6　向老师提问的部分内容（截图）

我们将向老师提问的 26 条文本内容以及随机选取的发起讨论和回复讨论的 100 条内容整理到 Excel 中，共计 126 条，逐一对每一条内容进行分类：与考试问题相关、与学习内容相关、其他（图 9.7）。

与考试问题相关
我的章节测验会有一个题被隐藏，看不见
请问，我记错了期末考试时间，所以错过了期末考试，会不会挂科啊？
错过了考试时间但已有一定的分数，60分以上，会不会影响成绩？会不会挂科？
为什么我已经挂完了，显示任务点已完成，但还是解锁不了后面的章节？
可以补课吗，错过时间考试
忘记考试，但是其他都看完了，有没有机会过
平时成绩就差零点几及格的，考完试提交不了，结果现在一查，才60分，意思是我期末才考零点几分！！？
兼顾学习，能拿奖学金，又要愉快地玩耍，很难。请问老师有什么建议呀？谢谢。
老师，我考试时太卡了，结果系统就考不了了。
……

与学习内容相关
老师，数是彼得格拉斯还是毕达哥拉斯提出的？
猪八戒的形象可以说是某一人物的原型所改画出来的
《红楼梦》研究的人很多，为什么它的地位最高。
贾宝玉辗转于林黛玉和薛宝钗之间，他为什么不可以追随自己的心？
谁最早提出《红楼梦》突破传统写人物特征？
怎么更好地，更有内涵地理解诗词
不同类型的电影有不同的精彩之处，那怎么样去鉴赏这部电影的艺术手法？有哪些电影艺术手法？
你认为《正义联盟》怎么样？不从专业的角度看的话你认为这是一部怎样的电影？
请问老师如何看待最近在国内上映的泰国影片《天才枪手》？
……

其他
课程不错，点赞
老师讲课挺好
你们都学了多少了
还可以吧
继续学习
签到

图 9.7　提问和讨论部分内容分类

与考试问题相关表示学习者交流的内容是有关考试的，如考试不及格、补考、忘记考试等；与学习内容相关表示学习者发表或提问的内容是与课程内容相关的；其他表示与课程和考试均无关。经整理，我们得到了三类内容所占的比例。37%的交流内容与考试问题相关，21%的交流内容与学习内容相关，42%的交流内容属于其他。可以看出，在线学习交流的内容质量不高，与学习内容相关的交流相对较少。

此外，笔者还将提取出的 126 条文本放到了达观数据文本语义理解平台（http://www.datagrand.com/demo/nlp/）进行分析。该平台是一个商业模式的文本挖掘、语义挖掘平台，利用前沿的深度学习技术帮助客户深入理解文字背后的含义。它操作简单，只需将文本提交至平台，平台便能对所提交的文本进行词性分析、实体识别、自动摘要、观点提取、词云分析、文本分类、情感识别、语义联想等分析。

其中，自动摘要是指计算机自动从原始文本中提取简单、连贯的短文，以反

映中心内容。此处选择显示的是 50%的摘要，在图 9.8 中，百分数越大，说明摘
要内容越多。若把图 9.8 中 50%的摘要以逗号为依据划分，那么可以将此摘要划
分为 5 句，其中 4 句均与考试、平台系统相关，只有 1 句与学习内容相关。此结
果与人工统计中"21%的交流内容与学习内容相关"的结果接近，也说明该平台
的分析有一定的合理性。

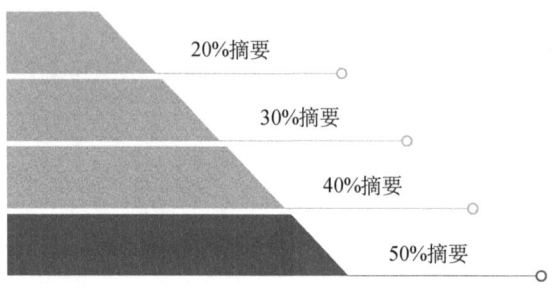

错过时间考试，考完试提交不了，但是一播放尔雅视频就播放不了是怎么回事，结果系统就考不了了，
谁最早提出《红楼梦》突破传统写人物特征

图 9.8　自动摘要（截图）

文本分类是指利用计算机按照一定的标准对文本内容进行分类。不同企业对
于分类标准的要求不尽相同，此处虽然不知道该平台按照何种标准进行分类，但将
其分为情感、教育两类，与文本内容较为相符。在图 9.9 中，0.25 和 0.34 表示相关
性，说明 126 条交流内容与教育的相关性比与情感的相关性略大。

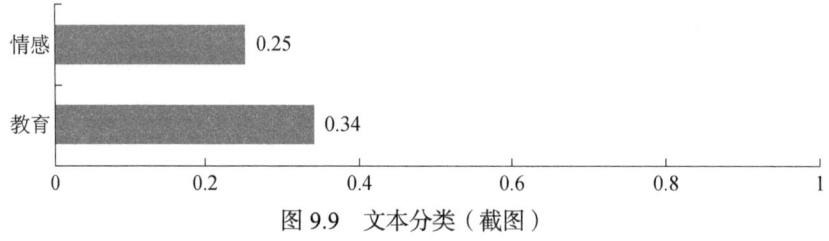

图 9.9　文本分类（截图）

在对文本中的信息进行结构化处理以后，我们将抽取的信息以统一的形式聚
集在一起，以词云的形式呈现，词语显示的大小可以显示其重要程度。从图 9.10 可
以看出，在 126 条交流内容中，重要程度较大的两个词语是"参加考试""期末考
试"，由此也可以看出学习者交流较多的是关于考试的内容。

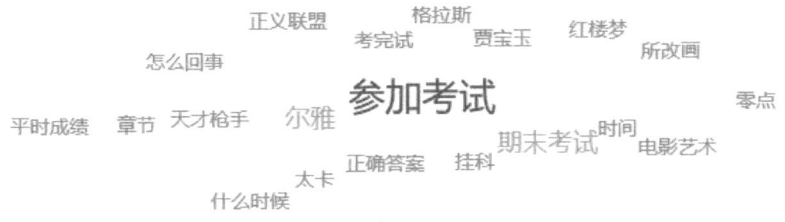

图 9.10　词云（截图）

情感识别即文本倾向性分析，就是通过计算机判断人们的看法或评论是属于对事物的积极意见还是消极意见。如图 9.11 所示，负面指数（0.610）大于正面指数（0.390），说明在在线学习者交流的内容中，消极内容比积极内容多。

正面指数：0.390

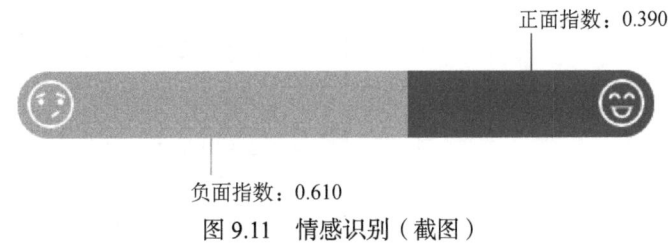

负面指数：0.610

图 9.11　情感识别（截图）

综上所述，我们可以得出向老师提问次数与期末考试成绩呈现负相关的原因，具体如下：①提问内容与学习内容无关；②向老师提问的多为错过考试或者考试不及格的学习者。发起讨论次数和回复讨论次数与期末考试成绩相关性不显著的原因如下：①讨论内容与学习内容无关；②讨论内容中的消极内容较多。

9.2.3　相关分析总结

9.2.1 节中对 9 种学习行为与期末考试成绩的相关分析，可用一个表格一次性地呈现出来，只需在运用 SPSS 进行分析时，将 9 个相关变量全部选择，便可得出一个 9×9 的矩阵。在此矩阵中，我们能够分析出每一个变量与其他变量的相关性（表 9.2）。

我们从表 9.2 可以看出，课程视频观看完成度、课程资料阅读完成度、作业和测验质量三者均与期末考试成绩相关性较高，且都为正相关，这也说明了在第 8 章中，将它们划分到知识获取维度中是合适的。

表 9.2 双关变量分析结果汇总（N=3146）

指标	课程视频观看完成度	课程资料阅读完成度	作业和测验质量	向老师提问次数	发起讨论次数	回复讨论次数	课程页面访问次数	作业和测验次数完成度	不良刷课记录	期末考试成绩
课程视频观看完成度	1									
课程资料阅读完成度	0.675** (0.000)	1								
作业和测验质量	0.548** (0.000)	0.610** (0.000)	1							
向老师提问次数	0.008 (0.321)	0.018 (0.161)	-0.024 (0.090)	1						
发起讨论次数	0.085** (0.000)	0.026 (0.074)	0.017 (0.168)	0.117** (0.000)	1					
回复讨论次数	0.056** (0.001)	0.023 (0.102)	0.017 (0.169)	0.027 (0.066)	0.230** (0.000)	1				
课程页面访问次数	0.240** (0.000)	0.211** (0.000)	0.187** (0.000)	0.040* (0.012)	0.042** (0.009)	0.048 (0.003)	1			
作业和测验次数完成度	0.691** (0.000)	0.688** (0.000)	0.887** (0.000)	-0.026 (0.070)	0.025 (0.084)	0.030 (0.049)	0.221** (0.000)	1		
不良刷课记录	0.002 (0.458)	0.041* (0.011)	0.090** (0.000)	-0.011 (0.268)	-0.037* (0.020)	0.003 (0.425)	-0.031* (0.042)	0.049** (0.003)	1	
期末考试成绩	0.588** (0.000)	0.579** (0.000)	0.689** (0.000)	-0.056** (0.001)	0.012 (0.252)	0.025 (0.079)	0.189** (0.000)	0.719** (0.000)	0.086** (0.000)	1

注：括号外为皮尔逊相关系数，括号内为 p 值，显著性检验为单尾检验

此外，我们不仅能够看到 9 种在线学习行为与期末考试成绩之间的相关性，而且可以看到 9 种在线学习行为之间的相关性。例如，课程资料阅读完成度与课程视频观看完成度显著相关，相关系数为 0.675；作业和测验次数完成度与课程视频观看完成度显著相关，相关系数为 0.691；作业和测验次数完成度与课程资料阅读完成度显著相关，相关系数为 0.688。由此，我们可以看出课程视频观看、课程资料阅读、测验三者之间有着密切的联系。究其原因，可能是因为本次研究在分析在线学习课程时，视频、测验、阅读三者以成套的方式呈现，也就是说学习者经常一起完成这三种学习行为。

综上所述，课程视频观看完成度、课程资料阅读完成度、作业和测验质量、作业和测验次数完成度均与期末考试成绩显著正相关，相关系数较高；课程页面访问次数、不良刷课记录与期末考试成绩显著相关，相关系数不高，为正相关；向老师提问次数与期末考试成绩显著负相关；发起讨论次数、回复讨论次数与期末考试成绩的相关性不显著。

9.3 评价指标的权重设置

第 8 章对在线学习行为的评价指标和评价标准做了介绍，但未给评价指标赋予权重，从而形成评价指标体系。在权重设置中，经常采用定量与定性相结合的方法。定性设定往往需要有一定的经验，在线学习行为研究者既非学习者本身，也非课程设计者或者讲课教师，因此通过定性方法设定权重的合理性不高。因此，本次研究基于此考虑，在分析了各个二级评价指标与期末考试成绩的相关性以后，结合相关系数进行权重设置，以确保权重设置的合理性。

权重反映出了各个评价指标之间的重要程度的差异性。在一个完整的评价指标体系中，权重的设置必不可少。研究者提出了许多设定权重的方法，如模糊层次分析法、统计调查法、专家打分法、德尔菲法、层次分析法等（杨金来等，2008）。本次研究采用层次分析法进行权重设置。

层次分析法是美国运筹学家匹茨堡大学教授萨蒂（T. L. Saaty）于 20 世纪 70 年代提出的，它是一种将复杂目标分解为多个目标或准则、多层次的决策方法（徐玖平等，2010）。它的优点是以人的经验为基础，采用定性与定量相结合的方法确定指标的权重，因此权重的分配更具科学性。

我们依据层次分析法确定权重的操作步骤，对在线学习行为评价各级指标进行权重设置。首先将一级指标进行两两比较形成矩阵。为了使两两比较更具科学性，笔者将各种学习行为与期末考试成绩的相关性作为参考，当显著性在同一水平时，相关系数较大的，则认为其相关性较大。表 9.3 呈现的是各种在线学习行为与期末考试成绩的相关性。

表 9.3   在线学习行为与期末考试成绩的相关性

指标		r	p
知识获取	课程视频观看完成度	0.588**	0.000
	课程资料阅读完成度	0.579**	0.000
	作业和测验质量	0.689**	0.000
协作交流	向老师提问次数	−0.056**	0.000
	发起讨论次数	0.012	0.252
	回复讨论次数	0.025	0.079
学习态度	课程页面访问次数	0.189**	0.000
	作业和测验次数完成度	0.719**	0.000
	不良刷课记录	0.086**	0.000

通过表 9.3，我们可以看出各种学习行为对于期末考试成绩的重要程度，进而可以得出一级指标两两比较形成的矩阵（表 9.4）。

表 9.4   一级指标重要性比较表

指标	知识获取	协作交流	学习态度
知识获取	1.000	0.200	0.333
协作交流	0.200	1.000	0.333
学习态度	0.333	0.333	1.000

经过计算，利用表 9.4 对应的判断矩阵，可以得出一级指标的权重（表 9.5）。

表 9.5　一级指标权重表

指标	权重
知识获取	0.633
协作交流	0.106
学习态度	0.261

与之类似，可分别求出三个一级指标对应的二级指标的判断矩阵和权重（表 9.6～表 9.11）。

表 9.6　知识获取二级指标判断矩阵

指标	课程视频观看完成度	课程资料阅读完成度	作业和测验质量
课程视频观看完成度	1.000	2.000	0.333
课程资料阅读完成度	0.500	1.000	0.200
作业和测验质量	3.000	5.000	1.000

表 9.7　知识获取二级指标权重

指标	权重
课程视频观看完成度	0.230
课程资料阅读完成度	0.122
作业和测验质量	0.648

表 9.8　协作交流二级指标判断矩阵

指标	向老师提问次数	发起讨论次数	回复讨论次数
向老师提问次数	1.000	3.000	5.000
发起讨论次数	0.333	1.000	3.000
回复讨论次数	0.200	0.333	1.000

表 9.9　协作交流二级指标权重

指标	权重
向老师提问次数	0.633
发起讨论次数	0.261
回复讨论次数	0.106

表 9.10　学习态度二级指标判断矩阵

指标	课程页面访问次数	作业和测验次数完成度	不良刷课记录
课程页面访问次数	1.000	0.333	2.000
作业和测验次数完成度	3.000	1.000	5.000
不良刷课记录	0.500	0.200	1.000

表 9.11　学习态度二级指标权重

指标	权重
课程页面访问次数	0.230
作业和测验次数完成度	0.648
不良刷课记录	0.122

至此，评价指标权重计算完毕。依据层次分析法的操作流程，接下来将对权重的一致性进行检验。结果表明，这四个判断矩阵具有一致性，权重设置基本合理。

我们用 $U=(U_1, U_2, U_3)$ 表示一级评价指标的因素集，用 $U_1=(u_{11}, u_{12}, u_{13})$，$U_2=(u_{21}, u_{22}, u_{23})$，$U_3=(u_{31}, u_{32}, u_{33})$ 表示二级评价指标的因素集，可以得到一、二级指标的权重（表 9.12）。

表 9.12　各指标权重

一级评价指标（U_i）	一级评价指标权重	二级评价指标 u_{ij}	二级评价指标权重
知识获取（U_1）	0.633	课程视频观看完成度（u_{11}）	0.230
		课程资料阅读完成度（u_{12}）	0.122
		作业和测验质量（u_{13}）	0.648
协作交流（U_2）	0.106	向老师提问次数（u_{21}）	0.633
		发起讨论次数（u_{22}）	0.261
		回复讨论次数（u_{23}）	0.106
学习态度（U_3）	0.261	课程页面访问次数（u_{31}）	0.230
		作业和测验次数完成度（u_{32}）	0.648
		不良刷课记录（u_{33}）	0.122

9.4　基于线性加权综合法的在线学习行为评价模型

9.4.1　提出假设

将在线学习行为评价的维度分为知识获取、协作交流和学习态度。我们假设学习表现=学习行为之和。若用 Y 表示在线学习者的学习表现，U 表示学习行为集，则 Y（学习表现）=U（学习行为），即 Y（学习表现）=U（知识获取，协作交流，学习态度）。

根据 9.3 节给出的权重指标因素集，可以得到在线学习行为评价模型，即

$$Y = \sum_{i=1}^{3} \sum_{j=1}^{3} u_{ij} \qquad (9.1)$$

其中，i 和 j 取值范围是 1～3。由于式中并未涉及时间周期，因此周期性并未体现在该式中，而是体现在学习行为数据收集的过程中。若以一周为学习周期，则将本周产生的学习行为数据代入式中计算便可；若将一学期的学习行为数据代入式中计算，则计算结果为本学期学习者的综合学习表现。

9.4.2　数据归一化处理

若将式 9.1 应用到实际中，会发现至少存在两个问题：第一，各个维度数据类型不一致，因此不能够直接进行相加；第二，没有考虑到各个维度权重不一致的问题。基于这两点考虑，我们将做以下两点改变：第一，进行归一化处理；第二，计算权重。

数据归一化常用的方法有两种：min-max 标准化（也称为离差标准化）和 Z 值标准化。本书采用 min-max 标准化的方法。采用此方法可以将各个维度的学习行为换算为 0～1 的小数，由此，各个维度的数据便可以进行相加。归一化后的样本值为

$$x^* = \frac{x - \min}{\max - \min} \qquad (9.2)$$

其中，x 为样本数据值，max 为样本数据最大值，min 为样本数据最小值。依据归

一化公式,可以将在线学习行为数据转化为 0~1 的小数,但各项评价指标的重要程度并不一致,因此需要对各项评价指标进行权重设置。上一节中我们已采用层次分析法将评价指标权重设置完毕,因此只需要将各项评价指标归一化以后乘相应的权重即可。

9.4.3　在线学习行为周期性学习表现评价模型构建

综上所述,在线学习行为周期性学习表现评价模型表示为

$$Y = \sum_{i=1}^{3} \sum_{j=1}^{3} \frac{u_{ij} - u_{ij}^{\min}}{u_{ij} - u_{ij}^{\max}} w_{ij} \tag{9.3}$$

其中,u_{ij} 表示二级评价指标的数据。该指标的最大值和最小值分别表示为 $u_{ij}^{\max}$ 和 $u_{ij}^{\min}$,w_{ij} 表示分析指标 u_{ij} 的权重。

依据此模型进行计算,得到的结果为 0~1 的小数,并非 0~100 的分数,因此需要将数据进行反归一化。计算时同样采用离差标准化方法,然后乘 100,得到的就是在线学习者的学习成绩。

9.5　基于模糊综合评判的在线学习行为评价模型

上一节中,我们假设了学习表现等于各种学习行为之和,即学习行为与学习表现之间的关系是线性的。我们能够根据不同时期的在线学习者的综合表现很快计算出结果,其模型建立简单、快捷,计算方便,易于使用。为了比较全面地验证评价模型的可用性,本节将采用一种非线性关系的评价方法——模糊综合评判。

模糊综合评判方法源于模糊数学,是一种能够解决不能直接量化的、模糊的评价问题的方法。模糊数学中研究的模糊,指的是人们对一个概念的外延不明确,导致人们对该概念在认知方面存在不确定性(张远增,2001)。在教育评价中,评价对象的性质和评价的标准均带有模糊性,使得模糊综合评价在教育评价中被广泛使用。在在线学习行为评价中,对学习者的评价,需从不同维度对学习行为做出评判。

然而，每一个维度都由多个因素构成，因此需要对每个因素进行评价，通过对单个因素的评价，从而对学习者的学习行为做出综合评价。由此，本次研究引入模糊综合评判的方法构建在线学习行为评价模型。

9.5.1　模糊综合评判的基本步骤

模糊综合评判法是源于模糊数学中的一种把定性转化为定量的综合评价方法（王钢，2003）。它转化的依据是运用模糊数学中的隶属度理论，经过数据计算处理，以某种量化的形式对一个受到多因素影响的对象做出综合评价。它的系统性较强，评价过程中主观性与客观性相结合，提高了评价结果的准确性和科学性。

模糊综合评判法的基本步骤如下（李士勇，2004）。

第一，构建模糊综合评价的指标体系，建立评价指标因子集 $U=\{u_1, u_2, \cdots, u_n\}$。评价指标体系的选取会直接影响到评价结果，因此评价指标体系的构建应该具有科学性、合理性、完备性、可操作性。

第二，确定评价对象的评判集，即评价等级的集合 $V=\{v_1, v_2, \cdots, v_n\}$。每一个评价等级都对应一个模糊子集。

第三，确定各级评价指标的权重，得到评价因素的权重向量 $A=\{a_1, a_2, \cdots, a_n\}$。评价指标往往由多个制约因素构成，而各因素对评价对象制约性的大小往往不一致，因此需要确定各级评价指标的权重。

第四，采用合适的隶属函数构建模糊评判矩阵 R。模糊评判矩阵 R 由各评价指标因子 U_i 对评价等级的隶属度 $\left(\dfrac{U_i}{R}\right)$ 构成，矩阵形式如下：

$$R = \begin{pmatrix} \dfrac{u_1}{R} \\ \dfrac{u_2}{R} \\ \cdots \\ \dfrac{u_n}{R} \end{pmatrix} = \begin{pmatrix} r_{11} & r_{12} & \cdots & r_{1m} \\ r_{21} & r_{22} & \cdots & r_{2m} \\ \cdots & \cdots & \cdots & \cdots \\ r_{n1} & r_{n2} & \cdots & r_{nm} \end{pmatrix} \tag{9.4}$$

第五，采用合适的合成因子将评判矩阵 R 与各评价指标的权重 A 进行合成，合成结果即评价结果向量 B。

$$B = A \circ R = \begin{pmatrix} a_1 & a_2 & \cdots & a_n \end{pmatrix} \circ \begin{pmatrix} r_{11} & r_{12} & \cdots & r_{1m} \\ r_{21} & r_{22} & \cdots & r_{2m} \\ \cdots & \cdots & \cdots & \cdots \\ r_{n1} & r_{n2} & \cdots & r_{nm} \end{pmatrix} = \begin{pmatrix} b_1 & b_2 & \cdots & b_n \end{pmatrix} \qquad (9.5)$$

简言之，模糊综合评判的步骤是：建立评价指标因子集 U，确定评判集 V，确定指标权重向量 A，构建模糊评判矩阵 R，对 A 和 R 进行合成。

在构建评价指体系中，我们构建了一级评价指标和二级评价指标。之所以要构建多层级评价指标，是因为若将所有评价因素划分在同一层级，当因素过多时，会使得单一因素权重较小，且很难满足权重确定的归一化。在模糊综合评判中，当评价指标层级大于两个时，称为多级模糊综合评判。多级模糊综合评判的基本思想是，采用分类的思想将影响评价对象的因素分类或分层，对层级最低的一层采用模糊综合评判，然后依次向上一层级使用模糊综合评判，直至一级评判完成。

本次研究中，评价指标共有两个层级。采用模糊综合评判的 5 个步骤，先对二级评价指标进行单一因素评价，得出二级指标的评价结果向量 B_1、B_2 和 B_3，再根据 B_1、B_2 和 B_3 构建一级评价指标的模糊评判矩阵 R，最后得出评价结果 B。计算公式如下：

$$R = \begin{pmatrix} B_1 \\ B_2 \\ B_3 \end{pmatrix} = \begin{pmatrix} b_{11} & b_{12} & b_{13} & b_{14} & b_{15} \\ b_{21} & b_{22} & b_{23} & b_{24} & b_{25} \\ b_{31} & b_{32} & b_{33} & b_{34} & b_{35} \end{pmatrix} \qquad (9.6)$$

$$B = A \circ R = \begin{pmatrix} a_1 & a_2 & a_3 \end{pmatrix} \circ \begin{pmatrix} b_{11} & b_{12} & b_{13} & b_{14} & b_{15} \\ b_{21} & b_{22} & b_{23} & b_{24} & b_{25} \\ b_{31} & b_{32} & b_{33} & b_{34} & b_{35} \end{pmatrix} = \begin{pmatrix} b_1 & b_2 & b_3 & b_4 & b_5 \end{pmatrix} \qquad (9.7)$$

9.5.2　模糊数学的基本知识

上一节中，我们对模糊综合评判实施的几个步骤有了初步的了解，但对于不了解模糊数学的人来说，要理解以上实施步骤存在一定的难度。为了使以上 5 个步骤具有实操性，本节介绍模糊数学中的隶属度和模糊算子（侯光文，1999）。

9.5.2.1 隶属度

设一集合为 U。若集合 U 中的每一个元素 x 都有一个数 $A(x)$ 与之对应，且 $A(x) \in (0, 1)$，那么我们称 A 是 U 上的模糊集，$A(x)$ 称为 x 对 A 的隶属度。隶属度取值范围为 0 到 1 闭区间内，其值越接近 1，表示隶属度越高，越接近 0，表示隶属度越低。$A(x) = 1$，表示 x 完全属于 A；反之，$A(x) = 0$，表示 x 完全不属于 A。当元素 x 在论域 U 中变动时，隶属度也随之变化，则 $A(x)$ 称为隶属函数。

9.5.2.2 模糊算子

模糊关系的合成运算称为模糊算子，是人们在模糊数学理论创始人扎德（L. A. Zadeh）提出的模糊集合交并运算概念的基础上发展起来的广义的模糊算子。常用的模糊算子有以下 4 种类型：①$M(\wedge, \vee)$，先取小，再取大。$\wedge$ 表示取小，$\vee$ 表示取大，规定 $a \wedge b = \min(a, b)$，$a \vee b = \max(a, b)$。②$M(\cdot, \vee)$，先相乘，再取大。$\cdot$ 表示相乘，$\vee$ 表示取大，规定 $a \vee b = \max(a, b)$。③$M(\wedge, \oplus)$，先取小，再求和。$\wedge$ 表示取小，$\oplus$ 表示求和。④$M(\cdot, \oplus)$，先相乘，再相加。$\cdot$ 表示相乘，$\oplus$ 表示相加。

在模糊综合评判中，以上四种算子的评价类型分别为主因素决定型、主因素突出型、不均衡平均型、加权平均型。加权平均型考虑了被评价对象所有的影响因素，能够将每个评价指标合理地体现出来，是一种加权平均综合的评价方法。因此，本次研究采用第四种模糊算子进行合成运算，构建在线学习行为评价的数学模型。关于加权平均型模糊算子的计算方法，以下将举例说明。

例如，$(a_1 \ a_2 \ a_3) \circ \begin{pmatrix} b_1 & c_1 & d_1 & e_1 \\ b_2 & c_2 & d_2 & e_2 \\ b_3 & c_3 & d_3 & e_3 \end{pmatrix}$

解法：计算出此四式的结果，由值组成的向量便是本例的解。

$$(a_1 \ a_2 \ a_3) \circ \begin{pmatrix} b_1 & c_1 & d_1 & e_1 \\ b_2 & c_2 & d_2 & e_2 \\ b_3 & c_3 & d_3 & e_3 \end{pmatrix} = \begin{matrix} a_1b_1 + a_2b_2 + a_3b_3 \\ a_1c_1 + a_2c_2 + a_3c_3 \\ a_1d_1 + a_2d_2 + a_3d_3 \\ a_1e_1 + a_2e_2 + a_3e_3 \end{matrix}$$

9.5.3　建立评价指标因子集

前文阐述了模糊综合评判的基本步骤和模糊数学基本知识。从本节开始，我们将构建基于模糊综合评判的在线学习行为评价的数学模型。

前面我们已经确定了在线学习行为评价指标。依据评价指标体系，便可建立一级评价指标因子集 $U=(U_1, U_2, U_3)=$（知识获取，协作交流，学习态度）。同理，可得二级评价指标因子集分别为 $U_1=(u_{11}, u_{12}, u_{13})=$（课程视频观看完成度，课程资料阅读完成度，作业和测验质量），$U_2=(u_{21}, u_{22}, u_{23})=$（向老师提问次数，发起讨论次数，回复讨论次数），$U_3=(u_{31}, u_{32}, u_{33})=$（课程页面访问次数，作业和测验次数完成度，不良刷课记录）。至此，评价指标因子集建立完成。

9.5.4　确定评语集

为了评价学习者在线学习过程中的学习表现，本节采用目前较为常用的五等级评价（张阳等，2007），评语集 $V=\{$优秀，良好，中等，及格，不及格$\}$。为了将学习者的学习表现量化，我们为评语集确定了相应的代表分数，即 $V'=\{95, 85, 75, 65, 55\}$。

9.5.5　确定指标权重向量

本次研究采用层次分析法确定评价指标权重。本研究采用了两种评价模型，且两种模型均需用到评价指标的权重，因此将评价指标的权重设置过程放到了9.3 节，以便两种模型使用。依据 9.3 节中给出的评价指标权重表，我们可以确定一级评价指标的权重向量为 $A=(0.633, 0.106, 0.261)$，二级评价指标的权重向量分别为

$$A_1=(0.230 \quad 0.122 \quad 0.648)$$
$$A_2=(0.633 \quad 0.261 \quad 0.106)$$

$$A_3 = (\ 0.230 \quad 0.648 \quad 0.122\ )$$

9.5.6　构建模糊评判矩阵

我们从模糊综合评判的基本原理可以看出，评价指标隶属度的确定是模糊综合评判中必不可少的环节，因为模糊评判矩阵由评价指标的隶属度构成。可以说，是否确定好了评价指标隶属度，是模糊综合评判法实施成功与否的关键。

关于隶属函数的确定，目前使用较多的是经验和实验的方法。不同的人对同一模糊概念有不同的理解，因此确定的隶属度也有所差异。常用的隶属度确定方法有四种：专家经验法、模糊统计法、例证法、二元对比排序法（贺仲雄等，1992）。

专家经验法是专家依据经验对模糊信息进行判断，从而确定隶属度的方法。通常情况下，专家初步对隶属度进行判断，在以后的实践中修改和完善（胡秦生等，1988）。

模糊统计法是进行多次实验，每次实验的评价指标元素不变，让不同的实验者对该元素所属的评价等级做出选择，用该指标元素所属的评价等级出现的次数除以实验的总次数，得出的结果即该评价指标元素的隶属度。

一般来说，学生学习成绩的好坏符合正态分布（张磊，姜孟瑞，2007），即成绩优秀和成绩差的学习者人数均比较少，成绩中等的学习者人数较多。据此，我们提出一种通过与均值比较来确定隶属度的方法。

使用某一门课程的学习者的学习行为数据 u_{ij}，求出该行为数据的平均值 $\overline{u}_{ij}$，求出 u_{ij} 距离 $\overline{u}_{ij}$ 的程度 d，依据距离程度 d 来确定隶属度。我们将距离程度 d 分为 5 个层次，分别对应了 5 个评价等级。计算公式如下

$$d = \frac{u_{ij} - \overline{u}_{ij}}{\overline{u}_{ij}} \tag{9.8}$$

其中，d 代表 u_{ij} 和均值的距离与均值的比值，$\overline{u}_{ij}$ 代表评价指标元素的平均值。距离程度 d 的取值范围及其对应的评价等级如表 9.13 所示。

表 9.13 距离均值的程度等级划分

d 的取值范围	评价等级
$d>10\%$	优秀
$0<d\leqslant10\%$	良好
$d=0$	中等
$-10\%\leqslant d<0$	及格
$d<-10\%$	不及格

基于以上分析，根据模糊数学隶属度的概念（李鸿吉，2005），采用专家经验法，得出评价指标因子对评价等级的隶属度划分，如表 9.14 所示。

表 9.14 评价指标因子隶属度确定方法

d 的取值范围	优秀	良好	中等	及格	不及格
$d>10\%$	0.8	0.2	0	0	0
$0<d\leqslant10\%$	0.2	0.6	0.2	0	0
$d=0$	0	0.2	0.6	0.2	0
$-10\%\leqslant d<0$	0	0	0.2	0.6	0.2
$d<-10\%$	0	0	0	0.2	0.8

依据表 9.12，将评价指标因子代入式（9.8），将计算结果与表 9.14 中 d 的取值范围相对应，便可得出该因子的隶属度。将同一维度的所有评价指标因子分别代入式（9.8），求出隶属度，同一维度的所有指标因子的隶属度就构成了模糊评价矩阵。

在本节中，对于不良刷课记录这一评价指标，根据学习平台中有无不良刷课的情况，我们在对数据进行预处理时，用"0"表示没有，用"-1"表示有。若该指标数据为"0"，则隶属度用（0.8　0.2　0　0　0）表示；反之，若该指标数据为"-1"，隶属度用（0　0　0　0.2　0.8）表示。

9.5.7　模糊综合评判结果的确定

根据模糊综合评判的基本步骤，评价结果由指标向量和模糊评价矩阵合成。本次研究采用加权平均的模糊算子，该模糊算子的计算方法在 9.5.2 一节已举例说明。上一节中，我们介绍了本次研究采用的确定模糊矩阵的方法。指标权重向量和模糊矩阵合成后，由于本次研究将评价等级分为 5 个，分别是优秀、良好、中等、及格、不及格（对应的分值分别为 95、85、75、65、55），所有评价结果向量 $B=$ （b_1，b_2，b_3，b_4，b_5），向量中 5 个元素分别代表结果隶属于评价等级的程度。根据最大隶属度原则（黄新耀，林福兰，1998），即比较 b_1、b_2、b_3、b_4、b_5 的大小，选取最大的值作为评判结果，即确定出评价指标属于优秀、良好、中等、及格、不及格中的何种级别。至此，评价指标的所属等级评价完成。

如果需要确定具体分数值 B'，只需将评价结果向量 B 与评语代入分数构成的矩阵 V'，由此可确定出评价得分，计算公式为

$$B' = B \circ V' = \begin{pmatrix} b_1 & b_2 & \cdots & b_n \end{pmatrix} \begin{pmatrix} 95 \\ 85 \\ 75 \\ 65 \\ 55 \end{pmatrix} \tag{9.9}$$

同理，采用最大隶属度原则确定最终得分。至此，基于模糊综合评判的在线学习行为评价数学模型构建完毕。

第 10 章

在线学习行为评价模型的验证及应用

为了验证在线学习行为评价模型的可行性，笔者以云南师范大学网络教学平台为例进行验证。验证方法是对采集的在线学习行为数据进行计算，得出评价结果，将评价结果与在线学习者的期末考试成绩进行比较。若计算结果与期末考试成绩接近或具有一致性，则说明模型具有合理性。

10.1 基于线性加权综合法的在线学习行为评价模型的验证

依照周期性学习表现评价模型，我们将本次研究选取的 20 门通识课程数据（图 10.1，图 10.2）用 Excel 进行统计计算，总共 3146 组数据。

学习过程求和得分由各个学习行为归一化后相加所得，标准化是指对学习过程得分进行归一化处理，再乘 100 即得出后一列数据（学习表现标准得分），与期末考试成绩误差表示用学习表现标准得分减去期末考试成绩所得的差。值得注意的是，本案例中，向老师提问与期末考试成绩呈负相关，因此，在计算学习过程的得分时，减去此项得分；不良刷课记录这一学习行为以"0"和"–1"记录，"0"表示没有不良刷课记录，"–1"表示有不良刷课记录。

学号	课程视频观看完成度	归一化*权重	课程资料阅读完成度	归一化*权重	作业和测验质量	归一化*权重	向老师提问次数	归一化*权重	发起讨论次数	归一化*权重	回复讨论次数	归一化*权重
13*****71	100.77%	0.109	100%	0.122	99.71	0.646	0	0.000	0	0.000	0	0.000
13*****75	100.16%	0.108	100%	0.122	99.35	0.644	0	0.000	0	0.000	0	0.000
13*****99	106.23%	0.115	100%	0.122	35.82	0.232	0	0.000	0	0.000	0	0.000
13*****05	95.81%	0.104	100%	0.122	99.06	0.642	0	0.000	0	0.000	0	0.000
14*********58	107.58%	0.116	100%	0.122	100.00	0.648	0	0.000	0	0.000	0	0.000
14*********72	99.30%	0.107	100%	0.122	99.03	0.642	0	0.000	0	0.000	0	0.000
14*********78	98.98%	0.107	100%	0.122	99.35	0.644	0	0.000	0	0.000	0	0.000
14*********84	97.11%	0.105	100%	0.122	98.99	0.641	0	0.000	0	0.000	0	0.000
14*********41	118.86%	0.129	100%	0.122	97.27	0.630	0	0.000	1	0.015	0	0.000

图 10.1　在线学习过程得分计算示范图（截图 1）

课程页面访问次数	归一化*权重	作业和测验次数完成度	归一化*权重	不良刷课记录	归一化*权重	期末考试成绩	学习过程求和得分	标准化	标准化*100	与期末考试成绩误差
73	0.034	100.00%	0.648	0	0.000	100	1.56	0.870772	87	-13
10	0.005	100.00%	0.648	0	0.000	100	1.53	0.8529	85	-15
13	0.006	85.51%	0.554	-1	-0.122	98	0.91	0.506752	51	-47
94	0.043	100.00%	0.648	0	0.000	100	1.56	0.870809	87	-13
170	0.078	100.00%	0.648	0	0.000	100	1.61	0.900858	90	-10
85	0.039	100.00%	0.648	0	0.000	100	1.56	0.870513	87	-13
19	0.009	100.00%	0.648	0	0.000	100	1.53	0.8545	85	-15
13	0.006	100.00%	0.648	-1	-0.122	99	1.40	0.782358	78	-21
40	0.018	100.00%	0.648	0	0.000	96	1.56	0.872963	87	-9

图 10.2　在线学习过程得分计算示范图（截图 2）

　　我们对"与期末考试成绩误差"一列的数据进行统计，误差在 10 分范围内的比例为 36.78%，误差在 20 分范围内的比例为 84.39%。

　　此外，将 3146 组数据中在线学习者学习过程标准得分与期末考试成绩进行相关分析，结果显著相关，相关性为 0.711。相关性较高，说明模型在一定程度上较为合理。

　　本案例中，笔者将学习者一个学期的学习过程视为一个学习周期，因此得出的结果为学习者整个学期综合性的学习过程的得分。若将一个学习周期缩短为一个月，使用以上学习计算方法可得出一个月的学习过程的得分；将一个学习周期缩短为一周，可得出一周的学习过程的得分。这样期末综合成绩可用月成绩或者周成绩的平均分来表示。

10.2 基于模糊综合评判的在线学习行为评价模型的验证

10.2.1 模型案例

依据构建的评价模型，我们采用 20 门在线学习课程的数据进行验证。此处以一门课程中一位学习者的学习行为数据为例示范其评价过程。

在随机选取的 20 门课程中，以"社会心理学"这门课程为例。这门课程共有 207 名学习者，对在线学习行为数据进行预处理后，可得出相应的数据（图 10.3）。

	C	D	E	F	G	H	I	J	K	L	M
1	学号	课程视频观看完成度	课程资料阅读完成度	作业和测验质量	向老师提问次数	发起讨论次数	回复讨论次数	课程页面访问次数	作业和测验次数完成度	不良刷课记录	期末考试成绩
2	15*******074	99%	100%	100.00	0	0	0	31	100.00%	0	99
3	15*******055	100%	100%	96.79	0	0	0	85	100.00%	0	97
4	15*******014	104%	100%	10.64	0	0	0	325	11.39%	0	99
5	15*******032	103%	100%	30.52	0	0	0	59	58.23%	0	99
6	14*******224	100%	100%	53.77	0	0	0	105	96.20%	0	86
7	15*******135	105%	100%	0.00	0	0	0	192	0.00%	0	95
8	15*******209	0%	0%	92.96	0	0	0	5	100.00%	0	0
9	16*******387	71%	0%	53.44	0	0	0	124	97.47%	0	0
10	16*******189	102%	100%	97.64	0	0	0	33	100.00%	0	80
11	16*******246	108%	100%	93.41	0	0	0	25	100.00%	0	99

图 10.3 "社会心理学"课程部分在线学习行为数据（截图）

依据模型，我们确定了评价指标因子集：

$U=(U_1, U_2, U_3)=$（知识获取，协作交流，学习态度）

$U_1=(u_{11}, u_{12}, u_{13})=$（课程视频观看完成度，课程资料阅读完成度，作业和测验质量）

$U_2=(u_{21}, u_{22}, u_{23})=$（向老师提问次数，发起讨论次数，回复讨论次数）

$U_3=(u_{31}, u_{32}, u_{33})=$（课程页面访问次数，作业和测验次数完成度，不良刷课记录）

评语集：

$V=\{$优秀，良好，中等，及格，不及格$\}$；

$$V' = \begin{pmatrix} 95 \\ 85 \\ 75 \\ 65 \\ 55 \end{pmatrix}$$

指标权重集为

$$A = \begin{pmatrix} 0.633 & 0.106 & 0.261 \end{pmatrix}$$
$$A_1 = \begin{pmatrix} 0.230 & 0.122 & 0.648 \end{pmatrix}$$
$$A_2 = \begin{pmatrix} 0.633 & 0.261 & 0.106 \end{pmatrix}$$
$$A_3 = \begin{pmatrix} 0.230 & 0.648 & 0.122 \end{pmatrix}$$

依据前文提出的与均值做比较确定隶属度的方法，计算评价指标与均值的相差程度，在 Excel 中进行计算（图 10.4）。需要注意的是，向老师提问次数的数值与均值相差程度一列计算出错，是因为均值为 0，0 不能做被除数，因此显示出错。但实际情况是数据与均值相等，隶属于"中等"这一评价等级。

	C	D	E	F	G	H	I	J	K	L	M	N	O	P	Q	R	S	T
1			96.94%		90.82%		80.49		0.00		0.04		0.02		92		90.67%	
2	学号	课程视频观看完成度	与均值相差程度	课程资料阅读完成度	与均值相差程度	作业和测验质量	与均值相差度	向老师提问次数	与均值相差度	发起讨论次数	与均值相差程度	回复讨论次数	与均值相差程度	课程页面访问次数	与均值相差度	作业和测验次数完成度	与均值相差程度	不良刷课记录
3	15*******074	99%	1.65%	100%	10%	100.00	24.24%	0	#DIV/0!	0	-100.00%	0	-100.00%	31	-66.35%	100.00%	10.29%	0
4	15*******055	100%	2.97%	100%	10%	96.79	20.25%	0	#DIV/0!	0	-100.00%	0	-100.00%	85	-7.73%	100.00%	10.29%	0
5	15*******014	104%	7.45%	100%	10%	10.64	-86.78%	0	#DIV/0!	0	-100.00%	0	-100.00%	325	252.78%	11.39%	-87.44%	0
6	15*******032	103%	6.17%	100%	10%	30.52	-62.08%	0	#DIV/0!	0	-100.00%	0	-100.00%	59	-35.96%	58.23%	-35.78%	0
7	14*******224	100%	3.21%	100%	10%	53.77	-33.19%	0	#DIV/0!	0	-100.00%	0	-100.00%	105	13.97%	96.20%	6.10%	0
8	15*******135	105%	7.88%	100%	10%	0.00	-100.00%	0	#DIV/0!	0	-100.00%	0	-100.00%	192	108.41%	0.00%	-100.00%	0
9	15*******209	0%	-100.00%	0%	-100%	92.96	15.50%	0	#DIV/0!	0	-100.00%	0	-100.00%	5	-94.57%	100.00%	10.29%	0
10	16*******387	71%	-26.29%	100%	10%	53.44	-33.61%	0	#DIV/0!	0	-100.00%	0	-100.00%	124	34.60%	97.47%	7.50%	0
11	16*******189	102%	5.69%	100%	10%	97.64	21.30%	0	#DIV/0!	0	-100.00%	0	-100.00%	33	-64.18%	100.00%	10.29%	0
12	16*******246	108%	11.74%	100%	10%	93.41	16.06%	0	#DIV/0!	0	-100.00%	0	-100.00%	25	-72.86%	100.00%	10.29%	0
13	16*******004	106%	8.88%	100%	10%	95.95	19.20%	0	#DIV/0!	0	-100.00%	0	-100.00%	22	-76.12%	100.00%	10.29%	0
14	16*******008	110%	13.42%	100%	10%	92.74	15.22%	0	#DIV/0!	0	-100.00%	0	-100.00%	29	-68.52%	100.00%	10.29%	0
15	16*******019	111%	14.67%	100%	10%	94.93	17.95%	0	#DIV/0!	0	-100.00%	0	-100.00%	34	-63.09%	100.00%	10.29%	0
16	16*******024	104%	7.13%	100%	10%	2.36	-97.06%	0	#DIV/0!	0	-100.00%	0	-100.00%	30	-67.44%	2.53%	-97.21%	0
17	16*******079	83%	-13.92%	0%	-100%	0.00	-100.00%	0	#DIV/0!	0	-100.00%	0	-100.00%	36	-60.92%	0.00%	-100.00%	0
18	16*******151	0%	-100.00%	0%	-100%	95.44	18.57%	0	#DIV/0!	0	-100.00%	0	-100.00%	0	-100.00%	100.00%	10.29%	0
19	16*******159	109%	12.44%	100%	10%	96.11	19.41%	0	#DIV/0!	0	-100.00%	0	-100.00%	287	211.53%	100.00%	10.29%	0
20	16*******170	103%	6.35%	100%	10%	95.78	18.99%	0	#DIV/0!	0	-100.00%	0	-100.00%	19	-79.33%	100.00%	10.29%	0

图 10.4　评价指标与均值相差程度计算（截图）

以图 10.4 中第一名学习者的数据为例（学号为 15********074），对照前文提出的评价指标隶属度确定方法，可得出该学生评价指标的隶属度（表 10.1）。需要注意的是，不良刷课记录这一评价指标只有优秀和不及格两个等级。

表 10.1　某学生知识获取维度指标隶属度

指标	评语	权重	与均值相差度/%	隶属度
课程视频观看完成度	优秀、良好、中等、及格、不及格	0.230	2	（0.2　0.6　0.2　0　0）
课程资料阅读完成度	优秀、良好、中等、及格、不及格	0.122	10	（0.2　0.6　0.2　0　0）
作业和测验质量	优秀、良好、中等、及格、不及格	0.648	24.24	（0.8　0.2　0　0　0）
向老师提问次数	优秀、良好、中等、及格、不及格	0.633	0	（0　0.2　0.6　0.2　0）
发起讨论次数	优秀、良好、中等、及格、不及格	0.261	−100	（0　0　0　0.2　0.8）
回复讨论次数	优秀、良好、中等、及格、不及格	0.106	−100	（0　0　0　0.2　0.8）
课程页面访问次数	优秀、良好、中等、及格、不及格	0.230	−66.35	（0　0　0　0.2　0.8）
作业和测验次数完成度	优秀、良好、中等、及格、不及格	0.648	10.29	（0.8　0.2　0　0　0）
不良刷课记录	优秀、不及格	0.122		（0.8　0.2　0　0　0）

由此可得出判断矩阵如下

$$R_1 = \begin{pmatrix} 0.2 & 0.6 & 0.2 & 0 & 0 \\ 0.2 & 0.6 & 0.2 & 0 & 0 \\ 0.8 & 0.2 & 0 & 0 & 0 \end{pmatrix}$$

$$R_2 = \begin{pmatrix} 0 & 0.2 & 0.6 & 0.2 & 0 \\ 0 & 0 & 0 & 0.2 & 0.8 \\ 0 & 0 & 0 & 0.2 & 0.8 \end{pmatrix}$$

$$R_3 = \begin{pmatrix} 0 & 0 & 0 & 0.2 & 0.8 \\ 0.8 & 0.2 & 0 & 0 & 0 \\ 0.8 & 0.2 & 0 & 0 & 0 \end{pmatrix}$$

与各指标权重向量合成如下

$$B_1 = A_1 \circ R_1 = \begin{pmatrix} 0.230 & 0.122 & 0.648 \end{pmatrix} \circ \begin{pmatrix} 0.2 & 0.6 & 0.2 & 0 & 0 \\ 0.2 & 0.6 & 0.2 & 0 & 0 \\ 0.8 & 0.2 & 0 & 0 & 0 \end{pmatrix}$$

$$= \begin{pmatrix} 0.5888 & 0.3408 & 0.0704 & 0 & 0 \end{pmatrix}$$

$$B_2 = A_2 \circ R_2 = \begin{pmatrix} 0.633 & 0.261 & 0.106 \end{pmatrix} \circ \begin{pmatrix} 0 & 0.2 & 0.2 & 0.2 & 0 \\ 0 & 0 & 0 & 0.2 & 0.8 \\ 0 & 0 & 0 & 0.2 & 0.8 \end{pmatrix}$$

$$= \begin{pmatrix} 0 & 0.1266 & 0.3798 & 0.2 & 0.2936 \end{pmatrix}$$

$$B_3 = A_3 \circ R_3 = \begin{pmatrix} 0.230 & 0.648 & 0.122 \end{pmatrix} \circ \begin{pmatrix} 0 & 0 & 0 & 0.2 & 0.8 \\ 0.8 & 0.2 & 0 & 0 & 0 \\ 0.8 & 0.2 & 0 & 0 & 0 \end{pmatrix}$$

$$= \begin{pmatrix} 0.616 & 0.154 & 0 & 0.046 & 0.184 \end{pmatrix}$$

至此，二级评价指标的评价结果向量计算完毕。依据最大隶属度原则，可以对该学习者在知识获取、协作交流、学习态度三个维度的表现给出等级评价，分别提取三个评价指标向量中值最大的项对应的评级等级作为评价结果。B_1 中的最大值为向量中第一个元素，即 0.5888，所对应的评价等级为"优秀"，因此该学习者在知识获取维度的表现为"优秀"。

同理可得，该学习者在协作交流维度的表现为"中等"，在学习态度维度的表现为"优秀"。将评价结果向量 B_1、B_2 和 B_3 量化后，可得出该学习者在各维度等级对应的具体分数，知识获取维度得分为 90.184 分，协作交流维度得分为 68.394分，学习态度维度得分为 84.72 分，具体量化过程如下

$$B_1' = B_1 \circ V' = \begin{pmatrix} 0.5888 & 0.3408 & 0.0704 & 0 & 0 \end{pmatrix} \circ \begin{pmatrix} 95 \\ 85 \\ 75 \\ 65 \\ 55 \end{pmatrix} = 90.184$$

$$B_2' = B_2 \circ V' = \begin{pmatrix} 0 & 0.1266 & 0.3798 & 0.2 & 0.2936 \end{pmatrix} \circ \begin{pmatrix} 95 \\ 85 \\ 75 \\ 65 \\ 55 \end{pmatrix} = 68.394$$

$$B_3' = B_3 \circ V' = \begin{pmatrix} 0.616 & 0.154 & 0 & 0.046 & 0.184 \end{pmatrix} \circ \begin{pmatrix} 95 \\ 85 \\ 75 \\ 65 \\ 55 \end{pmatrix} = 84.72$$

接着，我们对该学习者的综合表现进行评价，具体如下

$$R_1 = \begin{pmatrix} B_1 \\ B_2 \\ B_3 \end{pmatrix} = \begin{pmatrix} 0.5888 & 0.3408 & 0.0704 & 0 & 0 \\ 0 & 0.1266 & 0.3798 & 0.2 & 0.2936 \\ 0.616 & 0.154 & 0 & 0.046 & 0.184 \end{pmatrix}$$

$$B = A \circ R = \begin{pmatrix} 0.633 & 0.106 & 0.261 \end{pmatrix} \begin{pmatrix} 0.5888 & 0.3408 & 0.0704 & 0 & 0 \\ 0 & 0.1266 & 0.3798 & 0.2 & 0.2936 \\ 0.616 & 0.154 & 0 & 0.046 & 0.184 \end{pmatrix}$$

$$= \begin{pmatrix} 0.5335 & 0.2693 & 0.0848 & 0.0332 & 0.0791 \end{pmatrix}$$

最后，该学习者的综合评判分数为

$$B' = B \circ V' = \begin{pmatrix} 0.5335 & 0.2693 & 0.0848 & 0.0332 & 0.0791 \end{pmatrix} \begin{pmatrix} 95 \\ 85 \\ 75 \\ 65 \\ 55 \end{pmatrix} = 86.44$$

至此，对该学习者在该门课程中的学习表现评价完毕，最终综合评判的得分为 86.44 分。

若一名学习者的所有评价指标的行为均为优秀，则取最终的评价结果 $B=(0.8\ 0.2\ 0\ 0\ 0)$，据此计算该学习者的最终得分，即

$$B' = B \circ V' = \begin{pmatrix} 0.8 & 0.2 & 0 & 0 & 0 \end{pmatrix} \circ \begin{pmatrix} 95 \\ 85 \\ 75 \\ 65 \\ 55 \end{pmatrix} = 93$$

由此可以看出，依据模糊综合评判模型，学习者在线学习表现满分为 93 分，并非为 100 分。因此，案例中学习者的综合得分换算为百分制应该为 86.44/93% ≈ 93 分，该学习者的期末考试成绩为 99 分，两者相比相差 6 分。如果采集大量在线学习者的在线学习行为数据，依据此模型进行计算，若学习表现得分与期末考试成绩较为接近，或具有相同的单调性，则说明该模糊综合评价模型具有一定的合理性。

从以上案例可以看出，在模糊综合评判实现的过程中，需要计算多个矩阵。因此，要想对大量学习者的学习行为数据进行计算，依照以上步骤将每个评价指标依次代入计算，费时费力。本次研究为了验证模型的合理性，采集了 20 门在线学习课程（3146 名学习者）的数据，并找到了一种运用 Excel 实现批量计算的方法。

10.2.2　模糊综合评判批量数据处理方法

本节采取 20 门在线课程的数据进行模型验证，在验证过程中，需要计算大量的矩阵，采用常规的方法计算不仅费时费力，而且容易出错。因此，本次研究提出了一种简单、快捷，能运用 Excel 实现模糊综合评判批量数据处理的方法，并运用此方法完成对 20 门课程的数据的计算。以下将结合具体的数据（图 10.5），并以此为例进行阐述。

其中，D 列数据为学习者课程视频观看完成度；E 列表示与 D 列数据的均值相差度，其计算方法上文已列出；F 列为课程视频观看完成度对应数据的隶属度，该隶属度并非一个一个输入，因为那样太费时间，可依据公式得出。我们根据 E 列的数值来设置对应的 F 列的隶属度，具体规则如下

　　IF　E 列值 > 10%，THEN F 列值 = "0.8　0.2　0　0　0"

IF　E 列值<=10% AND E 列值>0，THEN F 列值="0.2　0.6　0.2　0　0"

IF　E 列值<0 AND E 列值>=—10%，THEN F 列值="0　0　0.2　0.6　0.2"

IF　E 列值<—10%，THEN F 列值="0　0　0　0.2　0.8"

IF　E 列值=0，THEN F 列值="0　0.2　0.6　0.2　0"

	C	D	E	F	G	H	I	J
1			96.94% ▼			90.82%		
2	学号	课程视频观看完成度	与均值相差程度		课程资料阅读完成度	与均值相差程度		作业和测验质量
3	15********074	99%	1.65%	0.2 0.6 0.2 0 0	100%	10%	0.8 0.2 0 0 0	100.00
4	15********055	100%	2.97%	0.2 0.6 0.2 0 0	100%	10%	0.8 0.2 0 0 0	96.79
5	15********014	104%	7.45%	0.8 0.2 0 0 0	100%	10%	0.8 0.2 0 0 0	10.64
6	15********032	103%	6.17%	0.8 0.2 0 0 0	100%	10%	0.8 0.2 0 0 0	30.52
7	14********224	100%	3.21%	0.2 0.6 0.2 0 0	100%	10%	0.8 0.2 0 0 0	53.77
8	15********135	105%	7.88%	0.8 0.2 0 0 0	100%	10%	0.8 0.2 0 0 0	0.00
9	15********209	0%	-100.00%	0 0 0 0.2 0.8	0%	-100%	0 0 0 0.2 0.8	92.96
10	16********387	71%	-26.29%	0 0 0 0.2 0.8	0%	-100%	0 0 0 0.2 0.8	53.44
11	16********189	102%	5.69%	0.8 0.2 0 0 0	100%	10%	0.8 0.2 0 0 0	97.64
12	16********246	108%	11.74%	0.8 0.2 0 0 0	100%	10%	0.8 0.2 0 0 0	93.41
13	16********004	106%	8.88%	0.8 0.2 0 0 0	100%	10%	0.8 0.2 0 0 0	95.95
14	16********008	110%	13.42%	0.8 0.2 0 0 0	100%	10%	0.8 0.2 0 0 0	92.74
15	16********019	111%	14.67%	0.8 0.2 0 0 0	100%	10%	0.8 0.2 0 0 0	94.93
16	16********024	104%	7.13%	0.8 0.2 0 0 0	100%	10%	0.8 0.2 0 0 0	2.36
17	16********079	83%	-13.92%	0 0 0.2 0.6 0.2	0%	-100%	0 0 0 0.2 0.8	0.00
18	16********151	0%	-100.00%	0 0 0 0.2 0.8	0%	-100%	0 0 0 0.2 0.8	95.44
19	16********159	109%	12.44%	0.8 0.2 0 0 0	100%	10%	0.8 0.2 0 0 0	96.11
20	16********170		6.25%					95.78

Sheet1　数据分列　B1　B2　B3　B　得分　⊕

图 10.5　模糊综合评判批量数据处理方法（截图）

我们可以利用 Excel 中的 IF 函数，通过上述规则计算 F 列的值，用于判断课程视频观看完成度的每一个数据对应的隶属度。比如，若 E3 中的数据大于 10%，则 F3 中显示"0.8　0.2　0　0　0"。E3>0 为逻辑表达式，当满足条件时，则显示"0.8　0.2　0　0　0"；不满足条件时，则执行后面的表达式，且每一个条件是互斥的，如 E3>0 是指 E3 大于 0 且小于等于 10%。需要注意的是，以上公式中隶属度的表示，各数字间用一个空格符分开，以便于下一步的操作。输入此公式并向下填充，即可将课程视频观看完成度的隶属度确定并表现出来。同理，可得到其他指标的隶属度。

注意图 10.5 底部，我们建立了工作表，"Sheet1"用于存放各指标数据并确定其隶属度；"数据分列"用于将存放在一个单元格里的隶属度分列为每个数字，在一个单元格里呈现；"B1"用于计算知识获取维度的评价结果向量；"B2"用于计算协作交流维度的评价结果向量；"B3"用于计算学习态度维度的评价结果向量；"B"用于计算综合评价结果向量；"得分"是综合评价结果的具体分数值。

各个指标的隶属度确定以后，我们以课程视频观看完成度的隶属度为例，将其复制到"数据分列"表中，点击 Excel 菜单栏中的"数据—分列—分隔符号—下一步—空格—完成"，如此操作后，便可将原本在一个单元格里的隶属度分列到 5 个单元格中。重复上述操作，将所有指标隶属度分别分列到 5 个单元格中（图 10.6）。图 10.6 中的数据为知识获取维度的隶属度分列，A～E 列为课程视频观看完成度的隶属度，G～K 列为课程资料阅读完成度的隶属度，M～Q 列为作业和测验质量的隶属度。

	A	B	C	D	E	F	G	H	I	J	K	L	M	N	O	P	Q
1	0.2	0.6	0.2	0	0		0.8	0.2	0	0	0		0.8	0.2	0	0	0
2	0.2	0.6	0.2	0	0		0.8	0.2	0	0	0		0.8	0.2	0	0	0
3	0.8	0.2	0	0	0		0.8	0.2	0	0	0		0	0	0	0.2	0.8
4	0.8	0.2	0	0	0		0.8	0.2	0	0	0		0	0	0	0.2	0.8
5	0.2	0.6	0.2	0	0		0.8	0.2	0	0	0		0	0	0	0.2	0.8
6	0.8	0.2	0	0	0		0.8	0.2	0	0	0		0	0	0	0.2	0.8
7	0	0	0	0.2	0.8		0	0	0	0.2	0.8		0.8	0.2	0	0	0
8	0	0	0	0.2	0.8		0	0	0	0.2	0.8		0	0	0	0.2	0.8
9	0.8	0.2	0	0	0		0.8	0.2	0	0	0		0.8	0.2	0	0	0
10	0.8	0.2	0	0	0		0.8	0.2	0	0	0		0.8	0.2	0	0	0
11	0.8	0.2	0	0	0		0.8	0.2	0	0	0		0.8	0.2	0	0	0
12	0.8	0.2	0	0	0		0.8	0.2	0	0	0		0.8	0.2	0	0	0
13	0.8	0.2	0	0	0		0.8	0.2	0	0	0		0.8	0.2	0	0	0
14	0.8	0.2	0	0	0		0.8	0.2	0	0	0		0	0	0	0.2	0.8
15	0	0	0.2	0.6	0.2		0	0	0	0.2	0.8		0	0	0	0.2	0.8
16	0	0	0	0.2	0.8		0	0	0	0.2	0.8		0.8	0.2	0	0	0
17	0.8	0.2	0	0	0		0.8	0.2	0	0	0		0.8	0.2	0	0	0
18	0.8	0.2	0	0	0		0.8	0.2	0	0	0		0.8	0.2	0	0	0
19	0.8	0.2	0	0	0		0.8	0.2	0	0	0		0.8	0.2	0	0	0
20	0.8	0.2	0	0	0		0.8	0.2	0	0	0		0.8	0.2	0	0	0

图 10.6　隶属度分列（截图）

我们之所以要将隶属度分列，是因为依据模糊综合评判原理，需要用隶属度构建模糊矩阵，然后再与指标权重向量合成。图 10.6 中的每一行数据可以构成一个模糊矩阵。比如，第一行数据构成的矩阵如下

$$\begin{pmatrix} 0.2 & 0.6 & 0.2 & 0 & 0 \\ 0.8 & 0.2 & 0 & 0 & 0 \\ 0.8 & 0.2 & 0 & 0 & 0 \end{pmatrix}$$

在 Excel 中，矩阵乘法可用 MMULT 函数（胡想顺等，2006）计算，但该公式需要将数据矩阵构建好才可以计算。本次研究采用加权平均型模糊算子，其计算方法如下

$$(a_1 \ a_2 \ a_3) \circ \begin{pmatrix} b_1 & c_1 & d_1 & e_1 \\ b_2 & c_2 & d_2 & e_2 \\ b_3 & c_3 & d_3 & e_3 \end{pmatrix} \Rightarrow \begin{pmatrix} a_1b_1 + a_2b_2 + a_3b_3 \\ a_1c_1 + a_2c_2 + a_3c_3 \\ a_1d_1 + a_2d_2 + a_3d_3 \\ a_1e_1 + a_2e_2 + a_3e_3 \end{pmatrix}$$

观察其计算方法，可以发现实质上就是一般的乘法和加法（例如，$a_1b_1+a_2b_2+a_1b_3$ 表示 $a_1 \times b_1 + a_2 \times b_2 + a_1 \times b_3$），结果向量的第一个值根据箭头右边第一行的计算方法得出。因此，如果我们为结果向量的每一个值指定计算方法，那么不必构建矩阵，同样能计算出结果。采用这种方法，我们可以在工作表"B1"中为知识获取维度的评价结果向量里的每一个值设置公式，指标权重向量可直接写入公式里（图 10.7）。

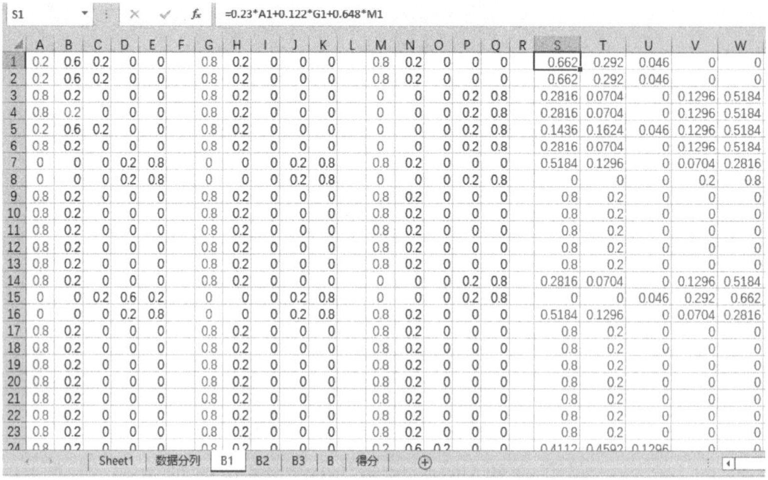

图 10.7　模糊矩阵计算（截图）

将知识获取维度的隶属度复制到工作表"B1"中，在 S1 列中设置公式"=0.23*A1+0.122*G1+0.648*M1"。与之类似，在 T1、U1、V1、W1 中分别设置公式

"=0.23*B1+0.122*H1+0.648*N1"

"=0.23*C1+0.122*I1+0.648*O1"

"=0.23*D1+0.122*J1+0.648*P1"

"=0.23*E1+0.122*K1+0.648*Q1"

接着，在 Excel 中顺着列向下填充后，S、T、U、V、W 列的数据即知识获取维度的综合评价结果向量。

同理，可在工作表"B2"和工作表"B3"中计算出其他两个维度的评价结果向量。三个维度的结果向量计算完成后，采用同样的方法在工作表"B"中计算出综合评价结果向量。

最后，在"得分"工作表中的 F1 单元格中写入公式"=A1*95+B1*85+C1*75+D1*65+E1*55"，这样便可以计算出最终得分。

运用此法节省了数据输入和计算的时间，当需要计算其他课程的数据时，只需要将 Excel 中评价指标的数据更换即可。与常规计算相比，这种方法操作简单，能节省时间、精力。

10.2.3　验证结果

依据上一小节中的模糊综合评判批量数据处理方法，我们对采集的 20 门在线学习课程的学习者在线学习行为数据进行处理，结果如表 10.2 所示。

表 10.2　评价结果与期末考试成绩的对比（部分数据）

期末考试成绩	模糊综合评判得分	二者求差
98	95.943	2.057
98	92.812	5.188
0	57.917	−57.917
98	95.388	2.612
99	96.679	2.321
99	93.667	5.333
81	82.522	−1.522
99	82.522	16.478
99	94.872	4.128
98	95.427	2.573
98	95.943	2.057
86	97.195	−11.195
99	95.388	3.612
62	84.846	−22.846
98	91.560	6.440
96	84.846	11.154
……	……	……

如表 10.2 所示，我们用模糊综合评判法计算学习者 20 门课程的得分，并将评判得分与期末考试成绩做对比，用期末考试成绩分数减去模糊综合评判得分，将所得结果进行统计。我们统计了二者之差属于（-10，10）的课程数量，20 门在线学习课程在 10 分误差范围内所占比例如表 10.3 所示。

表 10.3　各门课程在 10 分误差范围内所占比例

课程名称	占比/%	课程名称	占比/%
大学生心理健康教育	74.58	舌尖上的植物学	69.73
星海求知：天文学的秘密	72.09	考古发现与探索	78.04
公共日语	69.53	从爱因斯坦到霍金的宇宙	67.35
社会心理学	64.83	音乐鉴赏	75.38
口才艺术与社交	68.32	大学启示录：如何读大学？	72.01
女子礼仪	67.01	带您走近西藏	71.03
影视鉴赏	75.66	中国古代史	68.85
中国古典小说巅峰：四大名著鉴赏	65.61	个人理财规划	56.08
中华诗词之美	76.33	辩论修养	67.08
《诗经》导读	74.59	心理、行为与文化	76.09

我们将表 10.3 中 20 门在线学习课程在 10 分误差范围内所占比例求取平均值，在 10 分误差范围内的平均比例为 70.64%，占比并不是十分理想。为了更加准确地评价学习者的在线学习行为，我们将通过模糊综合评判法计算的得分与期末考试成绩做对比，发现模糊综合评判得分普遍比期末考试成绩分数低。因此，我们对评价指标因子隶属度确定方法进行了调整（表 10.4）。

表 10.4　距离均值的程度等级划分修改

调整前		调整后	
$d>10\%$	优秀	$d>5\%$	优秀
$0<d\leqslant10\%$	良好	$0<d\leqslant5\%$	良好
$d=0$	中等	$d=0$	中等
$-10\%\leqslant d<0$	及格	$-20\%\leqslant d<0$	及格
$d<-10\%$	不及格	$d<-20\%$	不及格

　　调整前是完全按照正态分布的趋势划分的,但在实际评价过程中,由于模糊综合评判得分普遍比期末考试成绩分数低,因此对优秀等级的要求升高,对及格的要求降低。调整后,20 门课程中,模糊综合评判得分与期末考试成绩在相差 10 分的范围内所占比例如表 10.5 所示。

表 10.5　调整后各门课程在 10 分误差范围内所占比例

课程名称	占比/%	课程名称	占比/%
大学生心理健康教育	77.12	舌尖上的植物学	89.39
星海求知:天文学的秘密	86.79	考古发现与探索	79.08
公共日语	75.35	从爱因斯坦到霍金的宇宙	78.52
社会心理学	88.17	音乐鉴赏	76.38
口才艺术与社交	85.39	大学启示录:如何读大学?	75.88
女子礼仪	82.03	带您走近西藏	78.01
影视鉴赏	79.37	中国古代史	83.24
中国古典小说巅峰:四大名著鉴赏	70.33	个人理财规划	75.36
中华诗词之美	75.02	辩论修养	84.01
《诗经》导读	84.32	心理、行为与文化	86.29

　　调整后,20 门在线学习课程在 10 分误差范围内所占平均比例为 80.50%。由此可见,基于模糊综合评判的在线学习行为评价模型较为合理,在误差允许的范围内得出了令人可以接受的评价结果。

　　为什么用模糊综合评判结果与期末考试成绩做比较?本次研究从知识获取、协作交流、学习态度来衡量学习者的综合学习表现。虽然期末考试成绩不是在线学习者综合能力的全部体现,却是在线学习者在线学习结果的一个重要表现。将在线学习过程中的学习表现与期末考试的表现做比较,当二者的数据比较接近时,说明学习过程与学习结果成正比。学习结果是学习过程的体现,评价模型具有一定的合理性,则说明评价方案具有一定的合理性。

10.3　在线学习行为评价模型的应用方向

本节为在线学习行为评价模型的应用方向提出建议，试图将基于模糊综合评判的在线学习行为评价模型应用于在线学习中，提出一种应用该模型对学习者的学习行为进行周期性评价的方案。

10.3.1　周期性学习表现评价

在在线学习中，由于师生分离，教师往往不能对学习者的学习表现及时做出评价。在目前的在线学习中，对学习者的评价往往是通过阶段性的测试，即诊断性测试（如期中测试、期末测试等）来实现的，这种测试一般通过考试的方式来实现，但是其考查的往往是学习者对知识点的掌握情况。

所谓周期性评价，是指在一个学习周期内，对学习者的学习表现进行评价。此处的一个学习周期是指以时间为单位的周期，如一周、一个月或一个季度。结合云南师范大学网络教学平台课程的学习周期，以 2017 年下半学年云南师范大学网络教学平台为例，课程学习时间从 2017 年 9 月 18 日至 2017 年 12 月 10 日，也就是一个学期的课程学习时间。我们建议采用以一周的时间为一个学习周期，将在线学习者的学习表现以每周一次的频率发送给学习者，帮助学习者了解自己本周的学习情况，以数据驱动的形式鼓励学习者学习行为的发生。

10.3.2　周期性学习表现评价的载体

目前，云南师范大学网络教学平台客户端和移动手机 APP 均已成熟并投入使用，但并未开通为学习者提供周期性评价报告这一功能。基于以上模型的构建，我们建议平台开发者为学习者开通此功能，当学习者登录学习平台时，能够收到自己一个学习周期内的学习表现数据。尤其是在学习平台 APP 上，学习者能够简单、快捷地了解自己的学习表现。

10.3.3 周期性学习表现评价的内容

本书提出的两种在线学习行为评价模型均可以计算在线学习者学习过程中的学习表现。两种模型各有优缺点，基于线性加权综合法的在线学习行为评价模型计算简单，易于实施，缺点是计算结果误差较大；基于模糊综合评判的在线学习行为评价模型计算结果误差较小，系统性较强，缺点是计算过程较为复杂（胡政权，2008）。两种模型相比较，我们建议采用基于模糊综合评判的在线学习行为评价模型来评价学习者的学习表现。将学习者的知识获取得分、协作交流得分、学习态度得分以及综合得分以一周为一个学习周期发送给学习者，让学习者时刻了解自己的学习表现，依据学习表现得分，学习者可预测期末考试成绩。

第 11 章

总结和展望

11.1 研 究 总 结

在在线学习中，如何更加有效地激发网络教学环境下学习者的学习行为是当前研究的一大热点。本书研究通过对云南师范大学网络教学平台中学习者的学习行为进行分析，提出了网络教学环境下对学习者学习行为进行分析与评价的相关理论和方法。本书的研究内容主要有以下几个方面。

本书总结了国内外在线学习行为和学习评价的发展现状，详细地阐述了学习行为分析和评价的相关理论与方法，对在线学习行为的定义以及分类模型、数据的分析算法、数据挖掘等相关概念进行了说明，界定了在线学习行为评价的相关概念，归纳了在线学习的特点，分析了在线学习者的特征。

在对学习行为分析的相关模型进行系统研究的基础上，我们结合云南师范大学网络教学平台，提出了学习者学习行为分析模型构建的原则和思路。通过设计调查问卷并对调查结果进行统计，分析学习者的内隐学习行为、外显学习行为，采集了云南师范大学网络教学平台上学习者的学习行为数据，利用数据分析软件 Weka 3.8.3 和 K-means 聚类分析方法分析了学习者的外显学习行为，用可视化分析方法分析了外显学习行为维度和内隐学习行为维度之间的关系。根据线性加权综合法，通过对采集到的数据进行分析，验证了模型的有效性。

为了对学习者的学习行为进行评价，本书探讨了知识获取、协作交流和学习态度对学习行为评价的影响，并且依据这三个维度构建了在线学习行为评价模型，接着分析、确定了该模型的评价指标体系。我们所用的数据集是云南师范大学在线课堂学习平台上 3146 名学习者（20 门通识课程）的数据。基于此数据集，采用 SPSS 22.0 分析各评价指标与期末考试成绩的相关性，以相关系数为参考，采用层次分析法为各级评价指标确定权重。由于交流内容的相关性较低，我们采集了交流内容进行统计分析，并采用文本分析工具进行分析，进而构建了两种在线学习行为评价模型：一种是基于线性加权综合法的在线学习行为评价模型，另一种是基于模糊综合评判的在线学习行为评价模型。在构建基于模糊综合评判的在线学习行为评价模型过程中，我们提出了一种与平均值做比较确定隶属度的方法。

为了验证模型的有效性，我们将 3146 名在线学习者的学习行为数据代入了两种模型计算，并将最终评价结果与学习者期末考试成绩做对比，验证了模型的有效性。在验证过程中，采用模糊综合评判法评价学习者的学习行为，需要多次计算模糊矩阵，我们提出了一种简单、易操作的实现批量数据处理的方法。本书为促进在线学习者的学习行为的研究提供了参考。

11.2 研 究 展 望

本书对网络教学环境下学习行为分析和评价进行了探索，包括以下几个方面。

第一，本书对云南师范大学网络教学平台上学习者的学习行为进行了分析，在对理论的分析、相关概念的解释和对数据的采集、分析研究上都力求达到科学、客观。由于我们的研究水平所限，以及网络教学平台收集到的学习行为数据有限，数据挖掘分析和数据算法方面的基础相对薄弱，在未来的学习和工作中，需要进一步优化模型的构建以及数据挖掘的相关算法。

第二，本书通过数据分析的方法来引导学习者的学习行为，提出了在线学习环境下学习者学习行为分析模型，分析了学习者学习行为之间的相关性，希望在以后的实际研究中运用到更多网络教学平台中，让更多的学习者、教师、管理者参与其中，并根据实际情况进一步修正、优化和完善该模型。

　　第三，本书中的研究采用与均值比较确定隶属度的方法存在一定的局限性。比如，当两个学习者的各指标隶属度均超过优秀这一等级时，他们在学习表现方面的得分是一致的，此时不能辨别出二者的差异，即评价存在一定的模糊性。另外，在线学习行为评价模型有待进一步优化，评价指标体系也需要在具体的应用中进一步修正和不断完善。

参 考 文 献

鲍小鲁. 2018. 基于 Weka 平台的山西省地质灾害易发性评价研究[D]. 太原: 太原理工大学.

曹梅. 2002. 网络学习中学习评价的要求及实施[J]. 中国远程教育, (1): 45-48.

曹梅, 李艺. 2002. 网络学习评价的意义及若干原则[J]. 教育科学, 18(5): 50-52.

陈佳艳. 2018. 基于学习行为特征的学习资源个性化推荐研究[D]. 南京: 南京邮电大学.

陈天云, 张剑平. 2007. 智能教学系统(ITS)的研究现状及其在中国的发展[J]. 中国电化教育, (2): 95-99.

程慧平, 肖爱森. 2019. 在线教育网站用户满意度评价指标体系的构建与应用[J]. 重庆高教研究, 7(2): 87-96.

代佳利. 2018. 学校资源配置对学生情绪影响的实证研究[D]. 重庆: 西南大学.

党佳娜, 魏凤. 2011. 创业自我效能感研究综述[J]. 农村经济与科技, 22(6): 139-141.

邓志伟. 2002. 个性化教学论[M]. 上海: 上海教育出版社.

董静. 2012. 班杜拉社会认知理论对学前家庭教育的启示[J]. 教书育人, (33): 109-110.

豆艳艳. 2012. 电子学档在过程性评价中的应用研究[D]. 南京: 南京师范大学.

段文婷, 江光荣. 2008. 计划行为理论述评[J]. 心理科学进展, (2): 315-320.

冯天敏, 张世禄. 2004. 网络课程的学习评价设计[J]. 开放教育研究, 49(3): 34-36.

高杰. 2005. 关于高中数学绩优生数学学习行为的研究[D]. 上海: 华东师范大学.

耿直. 2017. 行为主义心理学的发展及对外语教学的影响[J]. 科教文汇(下旬刊), (11): 29-31.

郭熙汉, 何穗, 赵东方. 2008. 教学评价与测量[M]. 武汉: 武汉大学出版社.

郭秀艳, 杨治良. 2002. 内隐学习与外显学习的相互关系[J]. 心理学报, (4): 351-356.

郭岩. 2004. 网络日志中用户兴趣的挖掘及利用[D]. 北京: 中国科学院.

何克抗, 李文光. 2009. 教育技术学[M]. 北京: 北京师范大学出版社.

何克抗, 林君芬. 2004. 基于语觉论的英语教育跨越式发展创新试验[J]. 中国基础教育, (12): 10-18.

何克抗，林君芬，张文兰. 2006. 教学系统设计[M]. 北京: 高等教育出版社.

贺超凯，吴蒙. 2016. edX平台教育大数据的学习行为分析与预测[J]. 中国远程教育，(6): 54-59.

贺仲雄，赵大勇，李建文，等. 1992. 模糊数学及其派生决策方法[M]. 北京: 中国铁道出版社.

侯光文. 1999. 教育评价概论[M]. 石家庄: 河北教育出版社.

胡秦生，李玉杰，李树堂. 1988. 定性功能的定量评价——模糊统计法[J]. 河北科技大学学报，(1): 49-60.

胡卫星，赵苗苗. 2005. 多媒体教学过程中学生学习行为的实验研究[J]. 中小学电教杂志，(11): 50-51.

胡想顺，刘小凤，赵惠燕，等. 2006. 在Excel表中进行多元方差分析[J]. 西北农业学报，15(2): 174-179.

胡艺龄，顾小清，赵春. 2014. 在线学习行为分析建模及挖掘[J]. 开放教育研究，(2): 102-110.

胡政权. 2008. 基于模糊理论的网络远程教育学习者学习评价研究[D]. 西安: 陕西师范大学.

黄新耀，林福兰. 1998. 用模糊数学理论与方法综合评价教学效果[J]. 华南理工大学学报(自然科学版)，(3): 79-85.

冀芳. 2007. 不同课程形态的课堂教学中学生学习行为现状的个案研究[D]. 长春: 东北师范大学.

姜强，赵蔚，王朋娇，等. 2015. 基于大数据的个性化自适应在线学习分析模型及实现[J]. 中国电化教育，(1): 85-92.

蒋卓轩，张岩，李晓明. 2015. 基于MOOC数据的学习行为分析与预测[J]. 计算机研究与发展，(3): 614-628.

康淑敏. 2003. 学习风格理论——西方研究综述[J]. 山东外语教学，(3): 24-28.

雷英. 2009. 计划行为理论在球场观众暴力中的应用研究[J]. 搏击(体育论坛)，(2): 33-34.

黎军. 2006. 网络学习概论[M]. 上海: 上海人民出版社.

黎孟雄. 2007. 基于Web挖掘的远程教学质量跟踪系统设计[J]. 河南科技大学学报(自然科学版)，(5): 29-32.

李成友，王学周，王芳，等. 2003. 主成分分析法在网络教学评价系统中的应用[J]. 计算机应用研究，(12): 128-130，133.

李广，姜英杰. 2005. 个性化学习的理论建构与特征分析[J]. 东北师大学报(哲学社会科学版)，(3): 152-156.

李红梅. 2008. 在线学习的过程性评价设计[D]. 保定: 河北大学.

李鸿吉. 2005. 模糊数学基础及实用算法[M]. 北京: 科学出版社.

李慧燕. 2013. 教学评价[M]. 北京: 北京师范大学出版社.

李莉. 2002. 论构建远程学习评价体系[J]. 现代教育技术，(3): 30-35，79.

李恋，王鹏. 2010. 高职院校非英语专业大学生学习风格调查(英文)[J]. 兰州石化职业技术学院学报，10(3): 74-77.

李念. 2007. 基于网络学习行为分析的评价模型研究[D]. 武汉: 华中师范大学.

李士勇. 2004. 工程模糊数学及应用[M]. 哈尔滨: 哈尔滨工业大学出版社.

李爽, 王增贤, 喻忱, 等. 2016. 在线学习行为投入分析框架与测量指标研究——基于 LMS 数据的学习分析[J]. 开放教育研究, 22(2): 77-88.

李伟成. 2011. 教学过程中的诊断性评价研究[J]. 教育导刊, (3): 76-79.

李香勇, 左明章, 王志锋. 2017. 数据驱动的自适应学习分析模型研究[J]. 现代教育技术, 27(10): 19-25.

李艳艳. 2017. 基于 Udemy 平台的混合式学习实践研究——以《Photoshop 图形软件应用》课程为例[D]. 武汉: 华中师范大学.

李艳燕, 马韶茜, 黄荣怀. 2012. 学习分析技术: 服务学习过程设计和优化[J]. 开放教育教究, 18(5): 18-24.

李亦菲, 朱小蔓. 2010. 新课程三维目标整合的 KAPO 模型[J]. 天津师范大学学报(基础教育版), (1): 1-10.

李莹, 丁唯佳, 赵莹. 2014. 大学开放教育资源项目能否实现资金的自给自足——来自美国杨百翰大学自主学习项目的案例报告[J]. 现代远程教育研究, (3): 32-38.

梁亚声, 徐欣, 成小菊, 等. 2015. 数据挖掘原理、算法与应用[M]. 北京: 机械工业出版社.

刘春华. 2010. 大学生网络学习自我效能感及其影响因素研究[D]. 广州: 华南师范大学.

刘丹丹. 2017. 基于在线学习平台的学习行为数据模型研究[D]. 武汉: 华中师范大学.

刘革平. 2005. 基于数据挖掘的远程学习评价研究[D]. 重庆: 西南师范大学.

刘继云, 孙绍荣. 2005. 行为科学理论研究综述[J]. 金融教学与研究, (5): 36-37.

刘葭. 2009. 远程学习评价量规的设计研究[D]. 重庆: 西南大学.

刘力红, 王晓平, 吴启迪. 2005. E-learning 系统中学习评价的研究[J]. 计算机工程与应用, (34): 52-53, 88.

刘玲玲, 张荣梅. 2009. 智能网络教学系统研究综述[J]. 电脑知识与技术, (9): 2474-2475.

刘儒德, 江涛. 2004. 学习者特征对网络学习的影响[J]. 中国电化教育, (6): 11-15.

刘学兰, 刘鸣. 2004. 网络学习与人的主体性发展[J]. 华南师范大学学报(社会科学版), (1): 128-134, 160.

刘岩. 2016. 远程教育中学习者特征与学习行为关系的研究[D]. 北京: 北京交通大学.

刘艳君. 2013. 消费者网络购物信息提供意向的影响因素研究[D]. 广州: 华南理工大学.

刘自慧. 2015. 基于网络学习行为分析的学习风格识别及其实证研究[D]. 北京: 北京邮电大学.

卢健. 2011. 形成性评价与总结性评价理论探究[J]. 福建教育学院学报, (5): 30-33.

卢如荣. 2012. 影响大学生网络学习行为的因素分析研究[D]. 武汉: 华中师范大学.

陆宏. 2007. 网络教学中基于 Kolb 学习风格模型的实证研究[J]. 中国电化教育, (3): 41-44.

马辉民, 卢益清, 尹汉斌. 2003. 基于客户份额的客户细分方法[J]. 武汉理工大学学报(信息与管理工程版)，25(3): 184-187.

马运朋.2012. 基于 ARCS 分布式虚拟教学中学习动机设计探究[J]. 湖南广播电视大学学报, (4): 58-64.

乜勇，赵晓声.2008. 网络课程学习效果的监督与评价研究[J]. 现代教育技术, (10): 89-92.

牛淑丽，张攀峰.2016. 基于网易云课堂的 SPOC 设计研究[J]. 数字教育, 2(5): 23-28.

农艳萍.2016. MOOC 教学设计案例研究[D]. 南昌: 江西师范大学.

彭华茂，王迎，黄荣怀，等.2006. 远程学习效能感的结构和影响因素研究[J]. 开放教育研究, (2): 41-45.

彭绍东.2017. 大数据时代网上学习行为研究的挖掘方法模型与应用[J]. 电化教育研究，38(1): 70-79.

彭文辉.2013. 网络学习行为分析及建模[M]. 北京: 科学出版社.

皮亚杰.1981. 发生认识论原理[M]. 王宪钿，等译. 胡世襄，等校. 北京: 商务印书馆.

桑秋侠.2016. 大学生网络学习行为分析模型构建及应用研究[D]. 武汉: 湖北大学.

桑新民.2000. 步入信息时代的学习理论与实践[M]. 北京: 中央广播电视大学出版社.

沈玉顺.2002. 现代教育评价[M]. 上海: 华东师范大学出版社.

谭顶良.1995. 学习风格论[M]. 南京: 江苏教育出版社.

唐春燕.2018. 基于学习风格理论的高中语文教学实践研究——以《雷雨》(节选)教学为例[J]. 文教资料, (5): 51, 52-53.

童金皓，边玉芳. 2005. 网络学习中的自我效能感[J]. 现代远距离教育, (3): 25-27.

王晨煜，管明辉，殷传涛等. 2017. 基于 Felder-Silverman 学习风格模型的网络学习风格研究[J]. 重庆理工大学学报(自然科学), 31(2): 102-109.

王钢.2003. 定量分析与评价方法[M]. 上海: 华东师范大学出版社.

王进.2018. 基于学习条件理论的初中数学教学设计思考——以 "图形的展开与折叠" 一节教学为例[J]. 数学教学通讯, (35): 55, 72

王静.2017. 基于课程的国内 MOOC 平台分析与启示[J]. 中国教育技术装备, (2): 26-28.

王克强.2014. 经验学习圈理论在美国中学教学中的应用[J]. 福建教育, (19): 27-30.

王攀藻. 2017. 基于 Weka 平台的大数据挖掘技术研究[C]. 第二届云计算与物联网技术大会, 苏州.

王烁，李昂扬，苏君阳. 2021. 近十年国际教育评价研究热点与趋势的可视化分析[J]. 黑龙江高教研究, 39(1): 14-22.

王燕.2009. 一种基于模糊理论的网络学习评价系统模型的研究[D]. 昆明: 昆明理工大学.

王祎.2018. 在线学习行为分析及应用研究[D]. 武汉: 华中师范大学.

王永华.2015. 美国 Coursera、Udacity 和 edX 三大 MOOCs 网络教学平台的分析与比较[J]. 吉林省教育学院学报, (6): 25-26.

王良周，于卫红. 2015. 大数据视角下的学习分析综述[J]. 中国远程教育，(3): 31-37.

王竹立. 2011. 新建构主义: 网络时代的学习理论[J]. 远程教育杂志，(2): 11-18.

魏顺平. 2011. Moodle 平台数据挖掘研究——以一门在线培训课程学习过程分析为例[J]. 中国远程教育，(1): 24-30.

魏顺平. 2015. 在线学习自动评价模式构建与应用研究[J]. 中国远程教育(下半月)，(3): 38-45.

魏玮，马玥璐，王道阳. 2014. 大学生学习倦怠、自我效能感及其相关研究[J]. 课程教育研究，(2): 19-20.

魏雪峰，宋灵青. 2013. 学习分析: 更好地理解学生个性化学习过程——访谈学习分析研究专家 George Siemens 教授[J]. 中国电化教育，(9): 1-4.

乌美娜. 1994. 教学设计[M]. 北京: 高等教育出版社.

吴发荣. 2012. ERP 与数据挖掘技术的结合使用[J]. 经济视角(中旬)，(2): 39-40，91.

吴明隆，涂金堂. 2012. SPSS 与统计应用分析[M]. 大连: 东北财经大学出版社.

吴青，罗儒国. 2015. 学习分析: 从源起到实践与研究[J]. 开放教育研究，21(1): 71-79.

谢新观. 2001. 远程教育概论[M]. 北京: 中央广播电视大学出版社.

谢幼如，尹睿. 2010. 网络教学设计与评价[M]. 北京: 北京师范大学出版社.

谢幼如，张惠颜，吴利红，等. 2017. 基于 ARCS 的在线开放课程自组织学习模式研究[J]. 电化教育研究，38(7): 43-50.

徐玖平，胡知能，王綮. 2010. 运筹学[M]. 北京: 科学出版社.

徐漫. 2016. 基于开源 MOOC 平台的学习者学习行为分析与研究[D]. 大庆: 东北石油大学.

徐小舒，阿不都热合曼·萨克. 2020. 学习风格对线上学习成就和满意度的影响——以个人学习环境平台为视角[J]. 温州职业技术学院学报，20(3): 82-86.

薛瑞璇. 2016. 在线学习平台中学习者的网络学习行为分析——以云南省工业人才在线学习网为例[D]. 昆明: 云南大学.

杨金来，洪伟林，张翼翔. 2008. 网络学习行为的实时监控研究与实践[J]. 开放教育研究，(4): 87-92.

杨现民，王怀波，李冀红. 2016. 滞后序列分析法在学习行为分析中的应用[J]. 中国电化教育，(2): 17-23，32.

杨卓. 2009. 网络教学评价系统的研究与实现[D]. 上海: 华东师范大学.

余胜泉. 2003. 基于互联网络的远程教学评价模型[J]. 开放教育研究，(1): 33-37.

郁晓华，顾小清. 2013. 学习活动流: 一个学习分析的行为模型[J]. 远程教育杂志，31(4): 20-28.

袁国铭，李洪奇，樊波. 2011. 关于知识工程的发展综述[J]. 计算技术与自动化，30(1): 138-143.

袁梅宇. 2014. 数据挖掘与机器学习——WEKA 应用技术与实践[M]. 北京: 清华大学出版社.

詹珊丽. 2005. 网络学习中学生个性化学习评价研究[D]. 武汉: 华中师范大学.

张红霞. 2009. 教育科学研究方法[M]. 北京: 教育科学出版社.

张磊，姜孟瑞. 2007. 教育统计分析方法[M]. 北京：科学出版社.

张瑞，赵洁，郭宏，等. 2020. 基于腾讯课堂的在线教学设计与实践[J]. 科技创业月刊，33(5): 140-143.

张生，何克抗，齐媛，等. 2007. 网络环境下基于学习活动的形成性评价[J]. 现代教育技术，(10): 82-87，90.

张娴. 2008. 乡村旅游质量评价指标体系及评估模型研究[D]. 成都：四川农业大学.

张燕. 2015. 网络学习行为分析与个性化学习平台模型构建[D]. 西安：西安电子科技大学.

张阳，王东，杨贯中. 2007. 基于模糊 AHP 理论的网络学习评价模型研究[J]. 湖南师范大学自然科学学报，30(2): 71-75

张英杰. 2017. 基于 Blackboard 平台的在线学习行为分析与预测[D]. 呼和浩特：内蒙古师范大学.

张远增. 2001. 高等教育评价方法研究[D]. 上海：华东师范大学.

赵建华. 2007. 智能教学系统概述[J]. 中国电化教育，(7): 5-12.

赵蔚，姜强. 2004. 基于电子学档的网络学习评价系统设计与开发[J]. 开放教育研究，(4): 59-61.

赵小强，刘悦婷. 2012. 基于选择和变异机制的蛙跳 FCM 算法[J]. 计算机应用研究，29(6): 2068-2071.

郑宁，胡雄，薛晓光. 2015. SPSS 21 统计分析与应用：从入门到精通[M]. 北京：清华大学出版社.

衷克定. 2011. 在线学习与发展[M]. 北京：高等教育出版社.

周爱华，申玉静. 2011. 决策树技术在高校实验队伍评估中的应用[J]. 电脑知识与技术，(2): 285-286，294.

周慧杰. 2017. 延边地区职业女性休闲体育态度与行为特征的研究[D]. 延边：延边大学.

周效章. 2013. 基于 ARCS 的分布式虚拟教学中的学习动机设计探究[J]. 中国电化教育，(4): 56-59，69.

朱家乐. 2010. 英语课堂教学形成性评价研究[J]. 海外英语，(4): 77，79.

朱小蔓. 2007. 情感教育论纲[M]. 北京：人民出版社.

朱晓菊，孙祯祥. 2006. 自我效能感对网络学习质量的影响分析[J]. 远程教育杂志，(1): 7，27-29.

訾白云. 2012. 基于学习风格理论的网络课程内容组织研究[D]. 济南：山东师范大学.

邹宇洁. 2018. 中职学生学习态度影响因素的调查研究——以广州市增城区东方职业技术学校为例[D]. 桂林：广西师范大学.

L. W. 安德森，D. R. 克拉斯沃尔，P. W. 艾雷辛. 2008. 学习、教学和评估的分类学：布卢姆教育目标分类学（修订版）[M]. 皮连生主译. 上海：华东师范大学出版社.

Reid，J. 2002. ESL/EFL 英语课堂上的学习风格[M]. 北京：外语教学与研究出版社.

Alfred P R. 2002. Online and traditional assessments: What is the difference ?[J]. Internet and Higher Education，(3): 141-151.

Bandura A. 1997. Self-Efficacy: The Exercise of Control[M]. New York: W. H. Freeman.

Brown M. 2011. Learning analytics: The coming third wave[J]. EDUCAUSE Learning Initiative Brief, (4): 1-4.

Chang Y C, Chu C P. 2010. Applying learning behavioral Petri nets to the analysis of learning behavior in web-based learning environments[J]. Information Sciences, 180(6): 995-1009.

Dunn R S, Price G E. 1980. The learning style characteristics of gifted students[J]. Gifted Child Quarterly, 24(1): 33-36.

Durksen T L, Chu M W, Ahmad Z F, et al. 2016. Motivation in a MOOC: A probabilistic analysis of online learners basic psychological needs[J]. Social Psychology Education, 19 (2): 241-260.

Ellen B M. 2005. The development of effective evaluation methods for e-Learning: A concept paper and action plan[J]. Teachers College Record, 107(8): 1814-1835.

Gregorc A F. 1984. Style as a symptom: A phenomenological perspective[J]. Theory into Practice, 23(1): 51-55.

Huh J, Hirumi A. 2005. Reading Assessment Strategies for On-Line Learners[C]. Association for Educational Communications and Technology Annual Meeting, Houston.

Keefe J W. 1987. Learning Style Theory and Practice[M]. Reston: National Association of Secondary School Principals.

Lian Z H, Zhao B, Chen X D, et al. 2018. EasyFont: A style learning-based system to easily build your large-scale handwriting fonts[J]. ACM Transactions on Graphics, 38(1): 1-18.

Lonn S, Krumm A E, Waddington R J, et al. 2012. Bridging the Gap from Knowledge to Action: Putting Analytics in the Hands of Academic Advisors[C]. Proceedings of the 2nd International Conference on Learning Analytics and Knowledge, Vancouver.

Mainemelis C, Boyatzis R E, Kolb D A. 2002. Learning styles and adaptive flexibility: Testing experiential learning theory[J]. Management Learning, 33: 5-33.

Mathieson K. 1991. Predicting user intentions: Comparing the technology acceptance model with the theory of planned behavior[J]. Information Systems Research, 2(3): 173-191.

Park Y, Yu J H, Jo II-Hyun. 2016. Clustering blended learning courses by online behavior data: A case study in a Korean higher education institute[J]. Internet and Higher Education, 29: 1-11.

Prior D D, Mazanov J, Meacheam D, et al. 2016. Attitude, digital literacy and self efficacy: Flow-on effects for online learning behavior[J]. Internet and Higher Education, 29(1): 91-97.

Rayner S G. 2001. Cognitive styles and learning styles[J]. International Encyclopedia of the Social and Behavioral Sciences, (4): 110-117.

Shimada A, Okubo F, Yin C J, et al. 2015. Informal Learning Behavior Analysis Using Action Logs and Slide Features in E-Textbooks[C]. 2015 IEEE 15th International Conference on Advanced

Learning Technologies, Hualien.

Shute V J, Psotka J. 1996. Intelligent tutoring systems: Past, present, and future[A]//D H Jonassen (Ed.), Handbook of Research for Educational Communications and Technology[C]. New York: Macmillan, 570-600.

Sonamthiang S, Naruedomkul K, Cercone N. 2013. Granules for learning behavior[J]. Frontiers in Artificial Intelligence and Applications, 253: 191-204.

Strang K. 2016. How student behavior and reflective learning impact grades in online business courses[J]. Journal of Applied Research in Higher Education, 8(3): 390-410.

Sun M, Luo J T, Qian D M, et al. 2014. Making Sense of Online Learning Behavior: A Research on Learning Styles and Collaborative Learning Data[C]. Workshop Proceedings of the 22nd International Conference on Computers in Education, Nara.

Yang C, Tsui-Chuan H. 2013. Regional differences of online learning behavior patterns[J]. The Electronic Library, 31(2): 167-187.

Zhang L, Li S. 2015. The embryology research on students' classroom learning behavior[J]. Canadian Social Science, (4): 142-146.

Zheng R, Butcher K R, Sumner T. 2013. How does prior knowledge impact students' online learning behaviors?[A]//R Zheng (Ed.), Evolving Psychological and Educational Perspectives on Cyber Behavior[C]. Hershey: IGI Global, 97-115.

云南师范大学网络教学平台学习者
学习行为调查问卷

亲爱的同学：

您好！本问卷旨在调查云南师范大学网络教学平台学习者的学习行为。调查以匿名方式进行，不涉及隐私，只用于研究。请放心填写，您的如实回答对本次研究具有重要意义，谢谢配合！

2018 年 4 月

一、用户基本信息

1. 我的性别是＿＿＿＿＿＿。

    A. 男性   B. 女性

2. 我的年级是＿＿＿＿＿＿。

    A. 本科一年级   B. 本科二年级

    C. 本科三年级   D. 本科四年级

    E. 其他

3. 我的专业是＿＿＿＿＿＿。

    A. 文科   B. 理科

    C. 工科   D. 艺术类

    E. 体育类

4. 我使用云南师范大学网络教学平台学习了_____。

    A. 1 年以下   B. 1～2 年

    C. 2～3 年   D. 3～4 年

    E. 没有使用过

5. 我在云南师范大学网络教学平台的登录账号为_____。

二、学习者自身学习行为描述

下面是关于使用云南师范大学网络教学平台的学习行为的描述，根据您使用云南师范大学网络教学平台的情况，以及自己的观点或感受，在相应的选项下画√	非常符合	比较符合	一般符合	不符合	非常不符合
6. 我在参与云南师范大学网络教学平台学习之前，已经能够通过网络查找自己需要的相关信息	5	4	3	2	1
7. 在网上查找信息时，我经常使用网站提供的高级检索	5	4	3	2	1
8. 遇到困难时，我都能通过网络查找解决困难的办法	5	4	3	2	1
9. 在学习过程中，我认为自己的注意力很集中	5	4	3	2	1
10. 在学习过程中，遇到困难时，我认为自己的意志力很强	5	4	3	2	1
11. 我经常自愿参与云南师范大学网络教学平台的在线学习	5	4	3	2	1
12. 我能根据自己的实际情况制订符合自己的学习目标	5	4	3	2	1
13. 云南师范大学网络教学平台推送给我的学习课程对我的帮助很大	5	4	3	2	1
14. 通过网络教学平台的学习，我达到了预期的学习目的	5	4	3	2	1
15. 我对云南师范大学网络教学平台上的课程设置感到很满意	5	4	3	2	1
16. 我在云南师范大学网络教学平台上提出的问题，都会得到很及时的反馈	5	4	3	2	1
17. 我的学分合格后，我还会继续制订目标并继续使用网络教学平台学习新的课程	5	4	3	2	1
18. 我对自己完成课程任务的能力充满信心	5	4	3	2	1
19. 对于相同的任务，我比别人完成得更快、效率更高	5	4	3	2	1

三、影响学习者学习行为的因素

20. 在云南师范大学网络教学平台上，以下哪些行为会影响您学习时的注意力？（多选）

A. 听音乐、看电视 　　　　　　　　B. 玩手机、玩游戏等

C. 浏览网页、购物等 　　　　　　　D. 做其他与学习无关的事

E. 关注其他类型的学习平台 　　　　F. 其他行为

21. 在云南师范大学网络教学平台上，影响您学习自主性的主要原因有哪些？（多选）

A. 缺乏自主学习能力 　　　　　　　B. 缺乏自主学习控制力

C. 缺乏自主学习自信心 　　　　　　D. 缺乏自主解决问题能力

E. 其他

22. 不能坚持学习完云南师范大学网络教学平台上的已选课程的主要原因有哪些？（多选）

A. 课程设置时间不合理 　　　　　　B. 课程内容枯燥

C. 对课程内容不感兴趣 　　　　　　D. 学习中出现的问题没有及时得到解决

E. 其他

23. 通过云南师范大学网络教学平台进行学习的主要原因有哪些？（多选）

A. 获得学分 　　　　　　　　　　　B. 扩充知识面

C. 提升自身的专业技能 　　　　　　D. 因为学习兴趣

E. 学校强制要求学习

24. 若在云南师范大学网络教学平台上学习完成后可获得奖励，您希望是什么奖励呢？（多选）

A. 学分奖励 　　　　　　　　　　　B. 证书奖励

C. 物质奖励 　　　　　　　　　　　D. 表彰奖励

E. 其他

25. 使用云南师范大学网络教学平台学习让你不满意的地方有哪些？（多选）

A. 学习资源更新速度慢 　　　　　　B. 学习资源不实用

C. 教学服务支持不到位 　　　　　　D. 不容易检索到课程学习资源

E. 网站响应速度慢 　　　　　　　　F. 其他

26. 学分合格后，您是否会继续在平台上学习，并且设定新的学习目标？（单选）

A. 会继续学习，也会设定新的学习目标

B. 会继续学习，但不会设定新的学习目标

C. 不会继续学习，但会设定新的学习目标

D. 不会继续学习，也不会设定新的学习目标